kusicur x un minuto
propelia
G l Jueves.

Una Visión Completa del Cuerpo de Cristo

Witness Lee

Living Stream Ministry
Anaheim, California

© 1990 Living Stream Ministry

Todos los derechos reservados. Ninguna parte de esta obra puede ser reproducida ni trasmitida por ningún medio —gráfico, electrónico o mecánico, lo cual incluye fotocopiado, grabación y sistemas informáticos— sin el consentimiento escrito del editor.

Primera edición: junio de 1990.

ISBN 0-87083-531-9

Traducido del inglés
Título original: *A Thorough View of the Body of Christ*
(Spanish Translation)

Publicado por

Living Stream Ministry
2431 W. La Palma Avenue, Anaheim, CA 92801 U.S.A.
P. O. Box 2121, Anaheim, CA 92814 U.S.A.

Impreso en los Estados Unidos de América

99 00 01 02 03 04 / 10 9 8 7 6 5 4 3

CONTENIDO

	Título	Página
	Prefacio	5
1	El origen del Cuerpo de Cristo	7
2	Los elementos, la esencia y la realidad del Cuerpo de Cristo	21
3	El vivir del Cuerpo de Cristo	37
4	El servicio del Cuerpo de Cristo	51

PREFACIO

Este libro contiene los mensajes dados originalmente en chino por el hermano Witness Lee durante una conferencia en la iglesia en Taipei, celebrada del 12 al 15 de abril de 1990.

Capitulo uno

EL ORIGEN DEL CUERPO DE CRISTO

Lectura bíblica: Gá. 4:6; Ro. 8:15; Jn. 1:12-13; 1 P. 1:2a; Lc. 15:8, 17; Jn. 16:8-11; 3:5-6; Ro. 8:19; 1 Co. 6:15; 12:27; Col. 3:4a; 1 Jn. 1:2; 5:11-12; Jn. 3:36a; Mt. 28:19; 1 Co. 12:13a; Col. 2:9; Jn. 1:14a; He. 2:14a, 17-18; Jn. 14:16-17; 7:39; Ap. 22:17a; 1 Co. 15:3-4, 45b; Jn. 15:1, 5; 17:21a, 23a

BOSQUEJO

I. Dios el Padre es la fuente de los creyentes—Gá. 4:6; Ro. 8:15:
   A. Ellos son engendrados por Dios el Padre—Jn. 1:13.
   B. Ellos son hechos hijos de Dios el Padre—Jn. 1:12.
II. Dios el Espíritu santifica y regenera a quienes han sido escogidos y predestinados por el Padre:
   A. Los santifica—1 P. 1:2a:
      1. Los ilumina y los busca—Lc. 15:8, 17.
      2. Convence a los que han sido iluminados—Jn. 16:8-11.
   B. Los regenera—Jn. 3:5-6:
      1. Para que sean hijos de Dios—Ro. 8:19.
      2. Para que sean miembros de Cristo—1 Co. 6:15;12:27.
III. Dios el Hijo es vida para los regenerados—Col. 3:4a:
   A. Para que los miembros de Cristo reciban la vida increada y eterna de Dios—1 Jn. 1:2; 5:11-12; Jn. 3:36a.
   B. Introduce los miembros de Cristo en una unión orgánica con el Dios Triuno—Mt. 28:19.
IV. El Padre, el Hijo y el Espíritu llegan a ser el Espíritu consumado quien bautiza a los miembros de Cristo en el único Cuerpo, el Cuerpo de Cristo—1 Co. 12:13a:
   A. El Padre está incorporado en el Hijo—Col. 2:9:
      1. Pasa por la encarnación—Jn. 1:14a; He. 2:14a.

2. Experimenta la vida humana—He. 2:17-18.
B. El Hijo es hecho real como Espíritu—Jn. 14:16-17:
   1. El Espíritu es el Espíritu consumado—Jn. 7:39.
   2. El Espíritu es la máxima consumación del Dios Triuno—Ap. 22:17a:
      a. Ha pasado por muerte y resurrección—1 Co. 15:3-4.
      b. Llega a ser el Espíritu que mora interiormente, todo-inclusivo, vivificante y compuesto—1 Co. 15:45.
C. Bautiza en el Cuerpo de Cristo a todos los que han sido santificados y regenerados—1 Co. 12:13a:
   1. Bautiza en el Dios Triuno a los que han sido regenerados—Mt. 28:19.
   2. Los hace uno con el Dios Triuno y los hace así el Cuerpo de Cristo—Jn. 17:21a, 23a.

Oración: Señor, te ofrecemos nuestra adoración a Ti. Te damos gracias porque siempre nos cuidas y nos reúnes, porque incluso nos reúnes en Tu santo nombre. Señor, una vez más nos reunimos en Tu santo nombre esta noche. Que Tu sangre nos limpie, que Tu Espíritu esté con nosotros, y que Tu santa Palabra nos sea abierta. Señor, creemos profundamente que en este mismo momento Tú estás con nosotros. Tú sabes que no somos nada y que no podemos hacer nada. Te esperamos con anhelo y dependemos de Ti, así como esperamos Tu bendición y dependemos de ella. Señor, ve adelante de nosotros esta noche y guíanos a cada uno de nosotros. Da a cada uno de nosotros Tu palabra la cual tocará lo profundo de nuestro ser, de modo que recibamos Tu suministro. Ilumínanos para que recibamos Tu sustento en nuestro interior. Señor, concédenos las palabras para hablar, danos la palabra instantánea, la luz fresca. Rogamos que liberes Tu mismo ser más y más para que podamos ser satisfechos, y para que Tu Cuerpo sea edificado. Señor Jesús, permítenos tener un cielo despejado. Por medio de palabras sencillas revélanos el misterio de Tu Cuerpo. Danos visión para que podamos ver claramente Tu precioso Cuerpo. Está con nosotros en una manera extraordinaria, y que Tu Espíritu que todo lo llena esté sobre nosotros para tocarnos y poseernos. Amén.

No había regresado aquí por largo tiempo. He vuelto, pero esta vez no me voy a quedar mucho tiempo; y después que me vaya, no voy a volver muy pronto. Por esto valoro muchísimo estas cuatro reuniones. He estado considerando bastante delante del Señor, y me parece que yo necesitaba traer algunos mensajes que son básicos y cruciales los cuales serán suficientes para ustedes por un año. Si ustedes saben cómo usarlos, ellos pueden ser adecuados para toda la vida.

UNA VISION DETALLADA DEL CUERPO DE CRISTO

El tema de los mensajes que les voy a hablar ahora es "Una visión detallada del Cuerpo de Cristo". Uso la expresión *visión detallada* para referirme a este asunto porque ustedes ya han oído bastante en cuanto al Cuerpo de Cristo. Todos ustedes saben que el Cuerpo de Cristo es la iglesia. Esto no es incorrecto, pero tal entendimiento es superficial. El Cuerpo es un asunto misterioso. Nada más nuestro pequeño cuerpo es extremadamente misterioso, sin mencionar el Cuerpo de Cristo; su misterio yace en que es orgánico. Mírenme aquí parado. Puesto que soy una persona viviente, sea que esté hablando o me esté moviendo, no importa lo que esté haciendo, hay una expresión orgánica. Si nuestros pequeños cuerpos físicos son así, el Cuerpo de Cristo lo es mucho más. Cristo es Aquel que todo lo llena en todo (Ef. 1:23). El es el Señor y es muy inmensurable y extremadamente grande. El necesita un Cuerpo de plenitud para que lo exprese a El aún más de lo que lo hacemos nosotros. Ustedes pueden darse cuenta por esto cuán misterioso es Su Cuerpo. No es algo que podamos estudiar a fondo. No obstante, confío en el Señor que en estos cuatro días yo pueda hacer lo mejor para presentarles una vista detallada del Cuerpo de Cristo.

En este primer mensaje esta noche, veremos la historia del Cuerpo de Cristo, o el origen del Cuerpo de Cristo. Mañana en el segundo mensaje veremos los elementos, la esencia y la realidad del Cuerpo de Cristo. En ese mensaje tendremos realmente una visión detallada del Cuerpo de Cristo. En el mensaje tres veremos el vivir del Cuerpo de Cristo. Este es el vivir que nosotros debemos tener. Por supuesto, no vivimos la vida de un pecador, ni vivimos la vida de una persona natural, tampoco vivimos la vida de una persona de elevada moralidad ni la de un ciudadano ordinario; vivimos la vida del Cuerpo. Al hablar de la vida de la iglesia, es mejor hablar de la vida del Cuerpo. Esta palabra *iglesia* tiene la connotación de una congregación, y una congregación, superficialmente, no tiene nada que ver con la vida; pero cuando el Cuerpo es mencionado, se hace clara referencia a un organismo vivo. Por último, en el cuarto mensaje veremos el servicio del Cuerpo de Cristo. Después de que hemos visto el vivir del Cuerpo, veremos el servicio del Cuerpo.

EL ORIGEN DEL CUERPO DE CRISTO

Ahora debemos ver el origen del Cuerpo de Cristo. Sabemos que todos los que aquí están sentados, nacieron, no fueron fabricados. Los ídolos que hay en los templos son hechos, no nacen. Nosotros los seres humanos con nuestros cuerpos orgánicos nacemos de nuestros padres los cuales son humanos como nosotros. Este nacimiento es nuestro origen. El Cuerpo de Cristo es un conglomerado de todos los miembros de Cristo, y nosotros somos los miembros de Su Cuerpo. Por consiguiente, al hablar del Cuerpo de Cristo, todos estamos incluidos, usted y yo. Cuando hablo del Cuerpo de Cristo estoy hablando de usted y también de mí. Así que cuando hablamos del origen de un asunto tan misterioso como lo es Cristo y Su Cuerpo, usted y yo estamos incluidos. Cuando hablamos del origen del Cuerpo de Cristo estamos hablando de nuestro propio origen.

Dios el Padre es la fuente de los creyentes

El Cuerpo de Cristo es similar a nuestro cuerpo humano; nació, no fue fabricado. Su origen y su fuente es el Dios Triuno. Y este Dios Triuno tiene un nombre; se llama el Padre, el Hijo y el Espíritu (Mt. 28:19). El Cuerpo de Cristo vino de Él, y Él es nuestro origen. Según la carne, nuestra fuente es nuestros padres. Cada uno de nosotros tiene una genealogía, una historia de su propio origen. Si investigamos nuestro origen yendo de generación en generación, al final la última generación sería Adán. No importa nuestra nacionalidad o nuestra raza, todos tenemos una fuente común, a saber, Adán. Y Adán procede de Dios; él era hijo de Dios (Lc. 3:38). En el campo espiritual, nosotros que somos los miembros del Cuerpo de Cristo provenimos del Dios Triuno. El Dios Triuno es la fuente del Cuerpo de Cristo.

El Dios Triuno es el Padre, el Hijo y el Espíritu. Aún así, estos tres —Dios el Padre, Dios el Hijo, y Dios el Espíritu— son un solo Dios. En primer lugar, este Dios Triuno es el Padre, quien es la fuente de nosotros los creyentes. Gálatas 4:6 y Romanos 8:15 nos muestra que nosotros, quienes somos regenerados y tenemos una unión vital con Dios, somos los hijos de Dios; de ahí que, llamamos a Dios: Abba, Padre. Este Dios que ha venido a ser nuestro Abba Padre es la fuente de usted y la fuente mía, y también es la fuente del Cuerpo de Cristo. Este Padre Dios que ha venido a ser nuestra fuente, nos ha engendrado para que seamos Sus hijos (Jn. 1:12). Por consiguiente, tenemos dos nacimientos: uno fue nuestro nacimiento físico, de nuestros padres; el otro fue nuestro nacimiento espiritual, de Dios nuestro Padre (Jn. 1:13). Según la carne, somos hijos de nuestros padres; debido a eso, tenemos apellidos como Cheng, Lee, o Wang. Pero espiritualmente, nacimos de Dios el Padre y somos los hijos de Dios. En consecuencia, *Dios* viene a ser el apellido de todos nosotros; nuestro apellido es Dios. Dios es nuestra fuente. Todos somos hijos de Dios, miembros de la familia de Dios (Ef. 2:19).

Dios el Espíritu santifica y regenera a aquellos a quienes Dios el Padre ha escogido y predestinado

Los santifica al iluminarlos, buscarlos y convencerlos

Dios el Padre nos regeneró en el tiempo, pero en la eternidad pasada, mucho antes del comienzo del tiempo y antes de la creación de todas las cosas, El en su presciencia nos escogió y nos predestinó (Ef. 1:4-5), marcándonos y sacándonos de entre miles de personas. Luego en el tiempo, en el momento oportuno, Dios el Espíritu, siguiendo el cambio de la situación mundial y el orden del medio ambiente, nos santificó (1 P. 1:2a). Esto es lo que está escrito en Lucas 15 en cuanto a que el Dios Triuno salve a los pecadores. Allí, Dios el Espíritu es asemejado a una mujer que enciende su lámpara y barre la casa para buscar diligentemente la moneda que se le había perdido. Tanto usted como yo tuvimos esta experiencia cuando fuimos salvos. Mientras escuchábamos el evangelio, el Espíritu Santo vino junto con la palabra del evangelio para iluminarnos y buscar en nosotros a fin de que despertáramos (Lc. 15:8, 17), y para convencernos de pecado (Jn. 16:8-11). Entonces nosotros creímos con nuestro corazón, confesamos con nuestra boca, e invocamos el nombre del Señor Jesús. De este modo, fuimos salvos y regenerados para ser hijos de Dios (Ro. 8:19), miembros del Cuerpo de Cristo (1 Co. 6:15; 12:27). Nosotros llegamos a ser los miembros del Cuerpo de Cristo porque el Espíritu Santo, cuando nos arrepentimos y creímos en el Señor, entró en nosotros para que recibiéramos la vida de Dios y fuéramos regenerados. De hecho, este Espíritu Santo que ha entrado en nosotros es la vida de Dios hecha vida en nosotros. Desde ese día en adelante, algo adicional ha existido en nosotros. Algunas veces este algo en nosotros nos reprende y nos regula. Esto no es meramente la función de nuestra conciencia. Tenemos algo más en nosotros, el Señor, quien ha llegado a ser nuestra persona viviente. Esto es tremendo. Mi carga es mostrarles a ustedes que la fuente del Cuerpo de Cristo es el Padre; El es la fuente de la vida. Por medio de Su Espíritu El nos ha santificado y regenerado para que lleguemos a ser hijos de Dios y miembros de Cristo. Espero que todos ustedes quienes están aquí sentados tengan claridad en cuanto a esto. Hoy en día no creemos en religión, ni nos unimos a ninguna religión. Creemos en un Dios Triuno viviente y verdadero. Tan pronto como nos arrepentimos y creímos en El, este Dios Triuno como Espíritu entró en nosotros para ser nuestra vida, para avivarnos, y para hacernos parte del Cuerpo orgánico de Cristo. Por esta razón, muchos jóvenes que creyeron en el Señor, aunque fueron en gran manera perseguidos y afrontaron oposición de parte de sus padres, con todo, permanecieron firmes. Sin importar la situación, ellos de todos modos creen en el Señor, no debido a que son fuertes, sino a que tienen la vida en ellos que es fuerte. Esta vida es el mismo Dios Triuno; y comprende a Dios el Padre, a Dios el Hijo y a Dios el Espíritu.

Los regenera para que sean hijos de Dios y miembros de Cristo

Ahora que hemos recibido esta vida, ya no somos personas individuales, sino miembros del Cuerpo de Cristo. De ahí que, no debemos bajo ninguna circunstancia estar desconectados del Cuerpo. Ningún miembro debe estar desconectado del

Cuerpo; una vez que los miembros están desconectados, están acabados. Hoy en día, cada uno de nosotros es un miembro del Cuerpo de Cristo. Este Cuerpo de Cristo es la iglesia. ¿Por qué digo *el Cuerpo* y no *la iglesia*? Porque la iglesia es una reunión, pero el cuerpo es un organismo. Una congregación se puede ser dispersar, pero un cuerpo no se puede desconectar. Tal vez usted deje de venir a las reuniones, pero usted no debe estar desconectado del Cuerpo. Tal vez deje usted de asistir a las reuniones, pero no debe estar desconectado del Cuerpo. Puede ser posible que algunas veces usted se pierda algunas reuniones, pero una vez que se desconecta del Cuerpo, está acabado. Sin embargo, puedo decirles que aquellos que están en las reuniones tal vez no estén en el Cuerpo, pero aquellos que están en el Cuerpo con seguridad estarán en las reuniones. Aquellos que no vienen a las reuniones no están necesariamente desconectados del Cuerpo, pero aquellos que están desconectados del Cuerpo sin duda faltarán a las reuniones. Por lo tanto, estar ausente de las reuniones puede ser en cierto modo arriesgado; si usted no tiene cuidado, podría estar desconectado del Cuerpo en corto tiempo. No venir a las reuniones es casi estar desconectado.

Déjenme repetir que la iglesia es una especie de congregación, pero el Cuerpo es un asunto de vida. Todos nosotros tenemos vida, pero si decimos que cada uno de nosotros tiene que estar unido a la iglesia, tal cosa no sería exacta. El verdadero significado es que hemos venido a ser miembros del Cuerpo de Cristo, y poseemos la mismísima vida, y nos necesitamos unos a otros. Esto es ser miembros unos de otros. En consecuencia, todo lo que hagamos tiene que ser hecho en el Cuerpo, en unión con el Cuerpo, y regulado por el Cuerpo, puesto que somos un solo Cuerpo. Este es un asunto maravilloso.

Dios el Hijo es vida
para los que son regenerados

Nosotros los miembros del Cuerpo de Cristo tenemos a Dios el Padre como nuestra fuente, Dios el Espíritu como quien nos santifica y nos regenera, y Dios el Hijo como nuestra vida (Col. 3:4a). Mientras es cierto que nosotros fuimos regenerados por el Espíritu Santo, según la verdad es Dios el Hijo quien ha venido a ser nuestra vida. Por supuesto, el Dios Triuno —el Padre, el Hijo y el Espíritu— no puede ser separado. Si uno tiene al Hijo, tiene al Padre; y si uno tiene al Padre, tiene al Espíritu. Pero según la palabra clara y la revelación bíblicas, cuando el Espíritu Santo nos regeneró, Él puso a Cristo en nosotros. Este Cristo viene a ser nuestra vida en nuestro interior de modo que nosotros, los miembros de Cristo, podemos tener la vida increada y eterna de Dios (1 Jn. 1:2; 5:11-12; Jn. 3:36a). Al mismo tiempo, esta vida hace que tengamos una unión orgánica con el Dios Triuno de manera que podemos disfrutar todas las riquezas del Dios Triuno (Mt. 28:19). Esto es similar a la unión producida por la corriente eléctrica. Nuestro salón de reunión y la planta de energía están unidos por la corriente eléctrica. Cuando la corriente eléctrica llega al salón de reunión desde la planta de energía, el salón de reunión y la planta de energía están conectados y unidos. Así, el salón de reunión recibe todos los beneficios de la planta de energía por medio de la cual disfrutamos el aire acondicionado, la luz, el sistema de sonido, y así sucesivamente. La vida moderna de la actualidad depende especialmente de la unión entre la planta de energía y cada lugar al cual la electricidad es aplicado. Si esta unión es cortada, nuestra vida también está acabada. Imagínense simplemente cómo sería todo si la corriente eléctrica aquí cesara repentinamente; todos quedaríamos en tinieblas.

Hoy en día en cada uno de los miembros de Cristo existe algo que lo conecta con el Dios Triuno; esto es la unión orgánica de la vida de Dios. Todos hemos sido regenerados, Cristo ha venido a ser nuestra vida en nuestro interior, y esta vida hace que estemos unidos al Dios Triuno. Por lo tanto, ahora estamos en el Dios Triuno. El Dios Triuno y nosotros estamos conectados y unidos. Todas las riquezas del Dios Triuno vienen a ser nuestras.

El Padre, el Hijo y el Espíritu llegan a ser el Espíritu consumado quien bautiza a los muchos miembros de Cristo en el único Cuerpo, el Cuerpo de Cristo

Ya hemos visto que el Padre es la fuente, que el Espíritu viene para regenerarnos, y que el Hijo vino para ser vida, a fin de que nosotros y el Dios Triuno podamos tener una unión orgánica. Esta es la historia "privada" de los miembros del Cuerpo de Cristo. También hay una historia "manifiesta"; ésta es que el Dios Triuno —el Padre, el Hijo y el Espíritu—, habiéndose hecho el Espíritu consumado, vino para bautizar a los miembros de Cristo en un solo Cuerpo, el Cuerpo de Cristo (1 Co. 12:13a). La esencia de Dios es Espíritu; y la última persona en Su Trinidad divina es también el Espíritu. No sólo eso, la totalidad del Padre, el Hijo y el Espíritu, también vino a ser el Espíritu consumado que bautiza en un solo Cuerpo a los miembros de Cristo, aquellos que han sido regenerados por el Espíritu y que tienen al Padre como la fuente y al Hijo como la vida.

Usted y yo hemos sido salvos. Mediante la regeneración, tenemos al Espíritu, a Cristo, y la vida interiormente. Además, por medio del bautismo del Espíritu Santo exteriormente una vez, todos fuimos bautizados en el Cuerpo. Interiormente, fuimos regenerados para tener vida; exteriormente, el Espíritu fue derramado sobre nosotros para que pudiéramos ser bautizados en un solo Cuerpo. Esto completa el origen del Cuerpo.

Ahora tenemos que ver cómo el Dios Triuno llegó a ser El Espíritu completado y consumado. En primer lugar, el Padre habitó corporalmente en el Hijo (Col. 2:9) mediante la encarnación (Jn. 1:14a; He. 2:14a). El Hijo experimentó la vida humana (He. 2:17-18), fue crucificado y resucitó, y fue hecho real como el Espíritu. Antes de que el Hijo fuera hecho real como el Espíritu, el Espíritu ya estaba allí. Pero todavía no estaba completado. No fue sino hasta que el Señor Jesús resucitó de los muertos y fue hecho real como el Espíritu, que el Espíritu fue completado (Jn. 7:39). Este Espíritu completado es el máximo completamiento del Dios

Triuno (Ap. 22:17a), lo cual implica que el Hijo, al pasar por la muerte y resurrección (1 Co. 15:3-4) se hizo El Espíritu compuesto, todo-inclusivo, que da vida y que mora en nosotros (1 Co. 15:45), quien bautiza en el Dios Triuno (Mt. 28:19) a todas las personas santificadas y regeneradas, de tal modo que ellos y el Dios Triuno puedan ser uno (Jn. 17:21a, 23a) y de modo que ellos sean bautizados en el Cuerpo de Cristo (1 Co. 12:13a).

Por lo tanto, cada vez que predicamos el evangelio y traemos personas a la salvación, les bautizamos en el nombre del Padre, el Hijo y el Espíritu Santo tan pronto como confiesan el nombre del Señor. Su expresión externa corresponde a un hecho interno; es decir, al ser bautizados en el Dios Triuno, los salvos y el Dios Triuno han sido hechos uno. Al llegar ellos a ser uno con el Dios Triuno, llegan a ser miembros del Cuerpo de Cristo.

EL DIOS TRIUNO SE MEZCLA PLENAMENTE CON EL HOMBRE TRIPARTITO

Por último, tengo que contarles la historia del Cuerpo de Cristo. En términos sencillos, es la historia del Dios Triuno mezclándose con nosotros, los escogidos y predestinados. Mucho antes de que el tiempo empezara, en la eternidad pasada antes de que todas las cosas fueran creadas, Dios en Su eterna presciencia nos escogió y nos marcó. Luego, en el tiempo, el Espíritu Santo vino a obrar, a buscarnos y a regenerarnos. Esta regeneración es el comienzo de la mezcla entre el Dios Triuno y nosotros, y también es el primer paso que dio el Dios Triuno a fin de ser vida para nosotros después de entrar en nosotros. Esto ocurre en nuestro espíritu. Desde entonces, si cooperamos con El, si le amamos y tenemos comunión con El, El tendrá la oportunidad de extenderse desde nuestro espíritu a nuestra alma para que nuestra mente pueda ser renovada y transformada. Este Espíritu que mora en nosotros es como una paloma en el sentido de que El nos llena y nos satura gradual y tiernamente. El también se extenderá de nuestra alma a nuestro cuerpo para darle vida a nuestro cuerpo mortal (Ro. 8:11). De este modo, el Dios Triuno y nosotros, los hombres tripartitos, estaremos completamente mezclados como uno.

SER LLENOS CON EL ESPIRITU ESENCIAL POR DENTRO Y RECIBIR EL DERRAMAMIENTO DEL ESPIRITU ECONOMICO POR FUERA

Al llegar a este punto, podemos ver claramente que tenemos no sólo el Espíritu por dentro sino también el Espíritu por fuera. Este Espíritu que ha venido sobre nosotros, hace que tengamos el sentir del Cuerpo. El Espíritu por dentro es el Espíritu de vida; el Espíritu por fuera es el Espíritu para la obra. El Espíritu de vida que mora interiormente es esencial; el Espíritu para la obra, que reviste exteriormente, es económico. En realidad, estos dos son un solo Espíritu. Por un lado, dentro de nosotros está el Espíritu esencial; por otro, sobre nosotros El es el Espíritu económico. Dentro de nosotros le tenemos a El; fuera de nosotros también le tenemos a El.

A toda la gente que vive a orillas del río Yangtsé en China le gusta tomar té por la mañana para llenar su estómago con agua. Ellos dicen que esto es envolver el agua con la piel. En la noche, a ellos les gusta meterse en la tina; ellos dicen que eso es envolver la piel con agua. Ellos envuelven el agua con la piel en la mañana, y en la tarde, la piel con el agua. Me parece que esto es bastante significativo. Si hoy en día todos los cristianos fueran así, llenos con el Espíritu en la mañana, y recibieran el derramamiento del Espíritu en la noche, ciertamente seríamos miembros que no están desconectados sino que se reúnen y viven en el Cuerpo. En el Nuevo Testamento hay un versículo que habla de los dos lados de este asunto. En 1 Corintios 12:13 dice: "Porque en un solo Espíritu fuimos todos bautizados en un cuerpo, sean judíos o griegos, sean esclavos o libres; y a todos se nos dio a beber de un mismo Espíritu". Beber el Espíritu es envolver "el agua" con "la piel"; ser bautizado en un Cuerpo es envolver "la piel" con "el agua". Por un lado, está el Espíritu Santo llenándonos por dentro como Espíritu esencial para que tengamos el suministro de vida; por otro, el Espíritu Santo es derramado sobre nosotros exteriormente como Espíritu económico para bautizarnos en el Cuerpo de Cristo. Por consiguiente, podemos decir que el origen del Cuerpo de Cristo es completamente un asunto del Espíritu. Está el Espíritu por dentro, el cual nos regenera, transforma y nos suministra vida; este es el Espíritu esencial. También está el Espíritu por fuera, siendo derramado sobre nosotros; éste es el Espíritu económico.

Todos los problemas que se dan en la iglesia hoy, se deben a que se pasa por alto tanto al Espíritu esencial e interior para vida, como al Espíritu económico y exterior para la obra. Ahora que hemos visto el origen del Cuerpo de Cristo y hemos comprendido que todo lo relacionado con el Cuerpo de Cristo es completamente un asunto del Espíritu, no debemos poner atención a otras cosas; debemos solamente ocuparnos del Espíritu esencial e interior para vida, y también del Espíritu económico y exterior para la obra, a fin de que seamos miembros normales y adecuados del Cuerpo de Cristo. En consecuencia, cuando todos sigamos al Espíritu esencial e interior para vida, y cooperemos todo el tiempo con el Espíritu económico y exterior para la obra, y cuando todos vivamos en el Cuerpo de Cristo, seremos el Cuerpo orgánico de Cristo. Esto es lo que debemos ver y en lo que debemos permanecer.

(Mensaje dado por el hermano Witness Lee en Taipéi, Taiwán, el 12 de abril de 1990)

Capitulo dos

LOS ELEMENTOS, LA ESENCIA Y LA REALIDAD DEL CUERPO DE CRISTO

Lectura bíblica: Ef. 4:4-6; Jn. 20:22; Ro. 8:4, 6, 9-11, 13b; Gá. 2:20a; 1 Co. 1:2a; Jn. 3:5-6, 29; Tit. 3:5; Ro. 12:2a; Ef. 4:23; 2 Co. 3:18; Fil. 3:21; Ro. 8:30; Jn. 17:21a, 23a; 1 Co. 6:17; 1 Ti. 3:15b-16; Jn. 15:1, 5; Jn. 7:39; Ap. 22:17a; Fil. 1:19; 2 Co. 4:16; Fil. 3:10a; Jn. 14:17; 15:26; 16:13-15; 1 Jn. 5:6; Ro. 15:16b; 14:17; Ef. 3:16; 1:23

BOSQUEJO

I. Los elementos del Cuerpo de Cristo:
  A. El Dios Triuno procesado: el elemento divino—Ef. 4:4-6:
    1. El Dios Triuno pasó por encarnación, crucifixión y resurrección a fin de entrar en los miembros de Cristo para ser el elemento del Cuerpo de Cristo—Jn. 20:22.
    2. El Dios Triuno, habiendo entrado en los miembros de Cristo, existe y vive en el Cuerpo de Cristo junto con los miembros de Cristo—Ro. 8:9-11; Gá. 2:20a.
  B. El hombre tripartito fue regenerado por Dios: el elemento humano—1 Co. 1:2a:
    1. Su espíritu ha sido regenerado—Jn. 3:5-6; Tit. 3:5.
    2. Su alma es renovada y transformada—Ro. 12:2a; Ef. 4:23; 2 Co. 3:18.
    3. Su cuerpo es transfigurado y glorificado—Fil. 3:21; Ro. 8:30.
  C. El Dios Triuno se mezcla con el hombre tripartito—Ef. 4:4-6:

1. El hombre tripartito llega a ser uno con el Dios Triuno—Jn. 17:21a, 23a.
2. El hombre tripartito llega a ser un espíritu con el Dios Triuno—1 Co. 6:17.
D. Da como resultado una entidad híbrida de divinidad mezclada con humanidad:
   1. El Dios Triuno, quien posee divinidad con humanidad, se mezcla con el hombre tripartito, quien posee humanidad con divinidad—Ro. 8:6, 10-11.
   2. La divinidad es engendrada en la humanidad, vive en humanidad, y es expresada en humanidad; la humanidad es engendrada de la divinidad, vive por la divinidad, y expresa divinidad—1 Ti. 3:15b-16.
   3. Da como resultado un organismo en el cual Dios es vida para el hombre, y en el que el hombre tiene a Dios como vida—Jn. 15:1, 5.
II. La esencia del Cuerpo de Cristo:
   A. El Espíritu como la esencia del Dios Triuno viene a ser la esencia del Cuerpo de Cristo—Ef. 4:4:
      1. El Espíritu es la máxima consumación del Dios Triuno procesado—Jn. 7:39; Ap. 22:17a.
      2. El Espíritu introduce al Dios Triuno procesado en el Cuerpo de Cristo mediante la regeneración—Jn. 3:5-6, 29; Ef. 4:5-6.
      3. El Espíritu como el Dios Triuno procesado y consumado, que consta de divinidad y humanidad, de la muerte todo-inclusiva de Cristo, y de Su resurrección sobrepujante, viene a ser no sólo el elemento del Cuerpo, sino también la esencia del Cuerpo—cfr. Ex. 30:23-25.
   B. Las capacidades de la esencia del Cuerpo de Cristo:
      1. La esencia del Cuerpo de Cristo, contiene la divinidad del Dios Triuno, con la capacidad de suministrar la vida divina—Fil. 1:19.
      2. La esencia del Cuerpo de Cristo, que consta de la humanidad excelente, tiene la capacidad de proveer la humanidad excelente—2 Co. 4:16.

3. La esencia del Cuerpo de Cristo, que consta de la muerte todo-inclusiva de Cristo, tiene la capacidad de hacer morir las cosas negativas—Ro. 8:13b.
4. La esencia del Cuerpo de Cristo, que consta de la sobrepujante resurrección de Cristo, tiene la capacidad sobresaliente de la resurrección—Fil. 3:10a.

III. La realidad del Cuerpo de Cristo:
   A. La realidad del Dios Triuno procesado es el Espíritu de realidad consumado—Jn. 14:17; 15:26; 16:13; 1 Jn. 5:6:
      1. La realidad de todo lo que es, lo que tiene y lo que puede hacer el Dios Triuno, es este Espíritu de realidad.
      2. La realidad de la muerte y resurrección por las cuales ha pasado el Dios Triuno, también es este Espíritu de realidad.
   B. Este Espíritu de realidad hace que el Dios Triuno procesado sea una realidad en el Cuerpo de Cristo—Jn. 16:13-15:
      1. Todo lo que es el Dios Triuno procesado, incluyendo la justicia, la santidad, la vida, la luz, el poder, la gracia y todos los atributos divinos, son hechos reales por este Espíritu de realidad para que sean los atributos del Cuerpo de Cristo en la realidad—Ro. 15:16b; 14:17; Ef. 3:16.
      2. Todo lo que el Dios Triuno ha experimentado, incluyendo la encarnación, la crucifixión y la resurrección, también es hecho real por este Espíritu de realidad para que sea las experiencias del Cuerpo de Cristo en la realidad.

IV. La esencia y realidad del Cuerpo de Cristo es un asunto completamente del Espíritu del Dios Triuno procesado y consumado:
   A. Este Espíritu es la clave de todo lo que el Dios Triuno procesado es para el Cuerpo de Cristo:
      1. El Espíritu es el Dios Triuno procesado.

2. El Espíritu es la suma de todos los atributos del Dios Triuno procesado.
3. El Espíritu también es la eficacia de todos los procesos del Dios Triuno procesado.
B. Este Espíritu mora en nuestro espíritu regenerado, unido como un espíritu con nuestro espíritu—Ro. 8:9-11a; 1 Co. 6:17:
1. Debemos tener todo nuestro ser tornado a este espíritu y puesto en él—Ro. 8:6b.
2. Debemos también vivir y andar según este espíritu—Ro. 8:4.
3. Cuando vivimos así en este espíritu que se ha unido al nuestro, podemos expresar el Cuerpo de Cristo para llegar a ser la expresión corporativa de Cristo—Ef. 1:23.

Oración: Señor, te adoramos una vez más desde lo profundo de nuestro ser. ¡Cuán misericordioso eres para con nosotros! Por Tu misericordia estamos reunidos una vez más en Tu santo nombre para buscarte en Tu Palabra. Señor, ¡cuán profunda es Tu Palabra! Te recordamos que necesitamos Tu revelación, Tu luz, y aún más, te necesitamos a Ti, para que nos muestres Tu revelación. Señor, de veras te agradecemos porque en esta última edad Tú nos has abierto Tu santa Palabra una y otra vez, y nos has metido a las profundidades de Tu Palabra. Esta noche, Señor, necesitamos especialmente que Tú abras el entendimiento de nuestros corazones y de nuestros ojos, para que nos hables y para que nos traigas Tu luz, a fin de que podamos ver la revelación misteriosa que hay en Tu Palabra. Señor, que Tú obtengas toda la gloria, que nosotros recibamos la bendición, que el maligno sea avergonzado, y que la iglesia sea edificada. Amén.

EN CUANTO AL ELEMENTO, LA ESENCIA Y LA REALIDAD

Esta noche llegamos al segundo mensaje. Este es un mensaje largo y profundo en cuanto a los elementos, la esencia y la realidad del Cuerpo de Cristo. En primer lugar, consideraremos tres términos: *elemento, esencia* y *realidad*. El elemento es una especie de constituyente de cierta cosa. Los que estudian química, saben que la química es principalmente el estudio de los constituyentes de la materia, y los constituyentes son los elementos. Hasta esta plataforma tiene sus constituyentes, que son principalmente madera. El Cuerpo de Cristo es una cosa substancial, y sin embargo misterioso, en este universo. Aunque es misterioso, no obstante es substancial. Por lo tanto, el Cuerpo tiene sus constituyentes, y los constituyentes son sus elementos. Es más, en cada elemento o constituyente hay una substancia. Los diferentes constituyentes tienen diferentes substancias. Por ejemplo, el acero tiene su propia substancia, y la madera tiene la suya propia. Esta substancia es lo que llamamos la esencia.

Por ejemplo, los constituyentes principales del té con limón son limón, miel, agua y té. Estos cuatro constituyentes poseen diferentes esencias. En la farmacia, ciertas drogas son producidas por medio de extraer esencias particulares de algunas hierbas, las cuales a su vez imprimen a las drogas efectos específicos. Por lo tanto, la eficacia de una droga depende de su esencia. La iglesia como Cuerpo de Cristo también tiene sus propios elementos o constituyentes, dentro de los cuales están sus respectivas esencia y substancia.

Consideremos el significado de *realidad*. De acuerdo con el uso bíblico de la palabra *realidad* se refiere a la verdadera condición de los hombres y de las cosas. Por ejemplo, tal vez nosotros oigamos acerca de una iglesia que está bajo mucha bendición, donde todos los santos aman y temen al Señor, sirven con celo, se aman unos a otros, y son santos y pacientes. Cuando estamos en medio de ellos y somos testigos oculares de tal situación entre ellos, podríamos decir que esa iglesia tiene mucha realidad y que lo que habíamos oído acerca de ellos era cierto. Al leer la Biblia, encontramos que Dios es nuestro amor, nuestra luz, nuestra vida, nuestro poder, nuestra justicia y nuestra santidad. No meramente estamos de acuerdo con esto sino que además valoramos Su riqueza y Su inclusividad tan completa. No obstante, para nosotros estas riquezas no son meramente palabras impresas; ellas son verdaderas y reales. Es aquí donde yace la mayor diferencia entre la Biblia y los escritos de Confucio y de Mencio. Mientras que los libros de estos hombres también hablan de la humildad, la longanimidad, la bondad, la justicia, la cortesía, la sabiduría y la fidelidad, estos son asuntos sólo en palabras, no en realidad. La Biblia, por otro lado, es diferente. Cuando dice que Dios es santo, éstas no son meras palabras; existe tal realidad. No se requiere de nosotros que produzcamos cierta especie de santidad; más bien, es el mismo Dios santo el que forja la santidad en nuestro ser por Su Espíritu. De este modo, la santidad de Dios viene a ser nuestra realidad. Todo lo que la Biblia dice viene a ser realidad en nosotros si lo recibimos de Dios.

La Biblia dice que Dios mismo es realidad (Jn. 1:14-17). Si hay santidad, El es la santidad; si hay luz, El es la luz;

si hay vida, Él es la vida; y si hay paciencia, Él es la paciencia. Si creemos en Él y le recibimos, obtendremos la realidad de todo lo que Él es. Si sólo tenemos las palabras impresas de la Biblia, entonces poseemos meras enseñanzas y doctrinas carentes de realidad. No obstante, no sólo tenemos la Palabra de Dios sino también el Espíritu de Dios. El Espíritu de Dios acompaña la Palabra de Dios para que obre en nosotros como realidad de lo que la Biblia dice.

EL HOMBRE POR FUERA Y DIOS POR DENTRO

Ahora que hemos recibido una clara impresión en cuanto al elemento, la esencia y la realidad, podemos aplicar los tres al Cuerpo de Cristo. Puesto que la iglesia es el Cuerpo de Cristo, tiene que poseer sus propios constituyentes y elementos. La sangre, las células, la piel, la carne y los huesos son constituyentes del cuerpo humano, y éstos a su vez tienen sus propias esencias y substancias. ¿Cuáles entonces son las esencias y los constituyentes del Cuerpo de Cristo? Dos esencias constituyen el Cuerpo de Cristo. Una es el Dios Triuno procesado, que es el elemento divino; la otra es el hombre tripartito regenerado por Dios, la cual es el elemento humano. Estos dos elementos son los dos constituyentes. El constituyente del Dios Triuno procesado entra en nosotros para mezclarse con nosotros los hombres tripartitos, a fin de producir el Cuerpo de Cristo. Cuando fuimos salvos y regenerados, Dios en Cristo entró en nosotros para vivir la vida divina en nosotros, y esta vida divina vino a ser la esencia divina en nosotros.

No obstante, simplemente tener a Cristo como la esencia de la vida divina en nosotros, no produce la iglesia, ya que la iglesia es la mezcla de divinidad y humanidad, es decir, el hombre por fuera y Dios por dentro. Nos damos cuenta de que aunque la iglesia y un club social son conjuntos de seres humanos, hay una gran diferencia entre ellos. Un club es una asociación de personas que desean compartir ciertas características, como por ejemplo un mismo lugar de nacimiento. La iglesia es diferente; tiene gente de todas partes. Lo que tenemos en común no es nuestro lugar de nacimiento, sino a Dios. Usted tiene a Dios en usted; yo tengo a Dios en mí; aquél tiene a Dios en él: todos tenemos a Dios en nosotros. Cuando Dios es mencionado, todos respondemos. Esto es "lo sensible a Dios" que hay en nosotros. Por consiguiente, la iglesia es diferente de todo tipo de grupo, tales como sociedades de profesionales y sindicatos. En estas asociaciones, sólo hay seres humanos que no tienen a Dios en ellos. Sin embargo, la iglesia no está constituida de hombres solamente; allí está Dios interiormente. Aquello que solamente tiene hombres y no tiene a Dios, no es la iglesia. Un solo constituyente no es suficiente; tiene que haber tanto el constituyente divino como el constituyente humano. Podemos decir que la iglesia es tanto hombre como Dios. Ella es la mezcla de Dios y hombre, es la mezcla de humanidad con divinidad, una entidad híbrida de divinidad unida con humanidad, teniendo dos elementos o constituyentes.

No sólo eso, en los dos elementos del Cuerpo de Cristo están las esencias y las substancias de cada uno. Así que, además de tener el elemento humano con su esencia humana, la iglesia también posee el elemento divino con su esencia divina. Las organizaciones humanas frecuentemente tienen roces y disputas debido al interés propio y a la búsqueda de ganancia personal. Es por esto que entre ellos sólo hay esencia humana, pero no se tiene la esencia divina. En la iglesia de Dios existe no sólo la esencia humana, sino también la esencia divina. No hay lugar para la carne natural del hombre. Por el contrario, ya que todos tenemos el elemento de la vida de Dios con la esencia divina en nosotros, la iglesia exhibe una condición no común, una condición que expresa la realidad de Dios.

LOS ELEMENTOS DEL CUERPO DE CRISTO

El Dios Triuno procesado:
el elemento divino

Ahora vamos a seguir el bosquejo para adentrarnos en este mensaje, cuyo título es: "Los elementos, la esencia y la realidad del Cuerpo de Cristo". Comencemos por los elementos del Cuerpo de Cristo. El primer elemento es el

Dios Triuno procesado, quien es el elemento divino (Ef. 4:4-6). La iglesia es diferente de todas las organizaciones debido a que posee el elemento divino del Dios Triuno procesado. Este Dios Triuno pasó por la encarnación, la crucifixión y la resurrección a fin de entrar en los miembros de Cristo para que ellos sean los elementos del Cuerpo de Cristo (Jn. 20:22).

Dios es santo, justo y glorioso. A fin de entrar en nosotros, pecadores sucios, El primero se hizo carne y se vistió de un cuerpo de carne y sangre para poder ser crucificado por nosotros y derramar Su sangre para hacer propiciación por nuestros pecados y satisfacer el justo requisito de la ley de Dios. El también resucitó para ser hecho el Espíritu vivificante a fin de poder entrar en nosotros, los que creemos en El y le invocamos. Cuando lo obtenemos a El de este modo, El llega a ser nuestro elemento de vida y el constituyente de vida en nosotros.

Ahora este Dios Triuno que ha entrado en nosotros, los miembros de Cristo, no sólo ha llegado a ser nuestro elemento y constituyente de vida, sino que también existe, vive, y se mezcla con nosotros, los miembros del Cuerpo de Cristo (Ro. 8:9-11; Gá. 2:20a). Algunos de nosotros hemos tenido estas experiencias. Antes de que fuéramos salvos y tuviéramos la vida divina, y su constituyente en nosotros, reñíamos frecuentemente con nuestro cónyuge. Tales argumentos eran normalmente intensificados y reforzados por los razonamientos a medida que se seguían. Después de que creímos en el Señor Jesús, y el elemento divino del Dios Triuno entró en nosotros, El nos ha detenido con frecuencia cuando hemos estado a punto de comenzar una discusión. Esto se debe a que el Señor Jesús, en quien hemos creído, entró en nosotros para ser nuestro elemento divino. Mientras que una vez fuimos una copa llena de agua de amargura, ahora la amargura está disminuyendo y el agua está siendo endulzada por la adición del "limón" y la "miel".

El hombre tripartito regenerado por Dios: el elemento humano

El segundo elemento del Cuerpo de Cristo es el hombre

tripartito regenerado por Dios como el elemento humano (1 Co. 1:2a). Cada uno de nosotros, los que somos salvos y los que pertenecemos al Cuerpo de Cristo, posee estos dos elementos o constituyentes, es decir, el constituyente divino y el constituyente humano. Más aún, nosotros los seres humanos regenerados por Dios tenemos tres partes: el espíritu, el alma y el cuerpo. En primer lugar, Dios entra en nuestro espíritu para regenerarlo (Jn. 3:5-6; Tit. 3:5); luego, Él se esparce a nuestra alma para que seamos renovados y transformados (Ro. 12:2a; Ef. 4:23; 2 Co. 3:18); y por último, Él satura nuestro cuerpo para que sea transfigurado y glorificado (Fil. 3:21; Ro. 8:30). Así que, nuestro ser tripartito y el Dios Triuno están plenamente mezclados como uno (Ef. 4:4-6). El Dios Triuno procesado es el constituyente divino, y el ser tripartito que ha sido poseído por Dios es el constituyente humano. Cuando estos dos constituyentes están mezclados, vienen a ser los constituyentes del Cuerpo de Cristo.

El Dios Triuno se mezcla con el hombre tripartito para venir a ser una entidad híbrida

La mezcla del elemento divino del Dios Triuno con el elemento humano del hombre tripartito puede ser comparada con la mezcla de limón y miel con agua, para hacer limonada. El resultado de que el Dios Triuno entre en nosotros y se mezcle con nosotros los hombres tripartitos, es que venimos a ser uno con el Dios Triuno (Jn. 17:21a, 23a) y somos un espíritu con el Dios Triuno (1 Co. 6:17) como una entidad híbrida de divinidad y humanidad juntas. Toda persona salva es un híbrido de divinidad y humanidad mezcladas. La naturaleza dual de este híbrido es lo divino con lo humano. Aunque somos seres humanos, tenemos a Dios en nosotros. Puesto que Dios y el hombre han venido a ser una sola entidad, nosotros somos Dios-hombres. Esta entidad híbrida de Dios mezclado con el hombre es sencillamente el Dios Triuno, quien posee divinidad con humanidad, mezclado con el hombre tripartito, quien posee humanidad con divinidad (Ro. 8:6, 10-11). Debido a que nuestro Dios pasó por encarnación, Él posee divinidad con humanidad; y debido a que Dios entró en nosotros cuando fuimos salvos y regenerados, poseemos humanidad con divinidad. Bien sea divinidad con humanidad o humanidad con divinidad, ambos incluyen la naturaleza dual de Dios y hombre, dando así por resultado un híbrido de divinidad y humanidad.

Además, el híbrido que resulta de la mezcla de divinidad con humanidad es un asunto de que lo divino sea engendrado en humanidad, viva en humanidad, y sea expresado en humanidad; también es un asunto de que lo humano sea engendrado por divinidad, viva por divinidad y exprese divinidad (1 Ti. 3:15b-16). Que la divinidad sea engendrada en la humanidad, viva en humanidad y sea expresada en humanidad, se refiere al Señor Jesús como Dios encarnado. Que la humanidad sea engendrado por la divinidad, viva por la divinidad y exprese la divinidad, señala al Cuerpo de Cristo, el cual está constituido por personas que han sido regeneradas por Dios. Este híbrido de la mezcla de Dios y hombre finalmente llegan a ser un organismo en el cual Dios es vida para el hombre y el hombre tiene a Dios como vida (Jn. 15:1, 5). Esta es la iglesia, el Cuerpo de Cristo.

LA ESENCIA DEL CUERPO DE CRISTO

El Espíritu es la esencia del Dios Triuno

Continuemos con el segundo punto principal, la esencia del Cuerpo de Cristo. El Espíritu como esencia del Dios Triuno ha venido a ser la esencia del Cuerpo de Cristo (Ef. 4:4). De ahí que, la esencia del Cuerpo de Cristo es el Espíritu, quien es la consumación del Dios Triuno procesado (Jn. 7:39; Ap. 22:17a). El Dios Triuno —el Padre, el Hijo y el Espíritu— está en este Espíritu todo-inclusivo y consumado. Es más, el Espíritu, por medio de la regeneración, ha introducido al Dios Triuno procesado en el Cuerpo de Cristo, es decir, en las personas regeneradas (Jn. 3:5-6, 29; Ef. 4:5-6). Además de esto, el Espíritu como Dios procesado y consumado, que contiene divinidad y humanidad, la muerte todo-inclusiva de Cristo, y Su sobrepujante resurrección, llegó a ser no sólo el elemento del Cuerpo de Cristo, sino también su esencia (cfr. Ex. 30:23-25). Este Espíritu todo-inclusivo, quien es la máxima consumación del Dios Triuno, es tanto el elemento como la esencia del Cuerpo de Cristo. El Espíritu, quien está en el Cuerpo de Cristo, es el elemento del Cuerpo por un lado, y su esencia por otro. Esto puede compararse con el añadir el constituyente y el elemento del limón al agua, agregando jugo de limón al agua. Tal constituyente particular y tal elemento contienen una esencia, la cual podemos llamar extracto de limón. Esta esencia del extracto de limón viene del constituyente y el elemento del limón.

Las capacidades de la esencia del Cuerpo de Cristo

El Espíritu como esencia del Dios Triuno ha venido a ser ahora la esencia del Cuerpo de Cristo, y hay ciertas capacidades preciosas asociadas con esta esencia. Cada esencia tiene sus propias capacidades. Por ejemplo, un limón tiene el constituyente y el elemento del limón, y dentro de ese constituyente y elemento hay una esencia llamada extracto de limón. Este posee la capacidad de suavizar nuestra garganta. Otro ejemplo es los diferentes tipos de antibióticos y sus diferentes constituyentes y elementos con sus respectivas esencias. Cada esencia trae una diferente capacidad de curar una enfermedad específica.

El Espíritu, quien es la esencia del Dios Triuno y también es el mismo Dios Triuno consumado, vino a ser no solamente el elemento sino también la esencia del Cuerpo de Cristo. Dicha esencia también posee sus propias capacidades. Primero, la esencia del Cuerpo de Cristo contiene la divinidad del Dios Triuno con la capacidad de suministrar la vida divina (Fil. 1:19). El Espíritu como la esencia del Dios Triuno al llegar a ser la esencia del Cuerpo de Cristo puede suministrar la vida y la naturaleza de Dios en nosotros. Esta es Su capacidad. Segundo, la esencia del Cuerpo de Cristo contiene la humanidad excelente con la capacidad de proveer la misma humanidad excelente a nosotros (2 Co. 4:16). La humanidad del Señor Jesús es elevada y excelente. Él posee no sólo una divinidad rica sino también una humanidad sobrepujante. Podemos ver esto claramente en la narración de los Evangelios cuando Él alimentó a la multitud con cinco panes y dos peces (Mt. 14:14-21). Una gran multitud se reunió en el desierto una noche y no tenía nada que comer. Después de que el Señor recibió de los discípulos los cinco panes y los dos peces, Él ordenó que la gente se sentara en filas. Luego Él miró a los cielos, bendijo y partió el alimento, y lo dio a la gente. Después que la multitud comió y se sació, Él mandó a los discípulos que juntaran las sobras las cuales llenaron doce cestas llenas. Aquí podemos ver que mientras el Señor en Su divinidad proveyó ricamente para la gente, Él no desperdició nada, sino que guardó lo que Dios había bendecido. ¡Qué humanidad tan elevada y excelente es ésta! Cuando fuimos salvos, el Señor Jesús no solamente nos libró del pecado, sino que el también entró en nosotros para ser nuestra vida y para proveernos con Su excelente humanidad a fin de que nuestra propia humanidad sea transformada y elevada a otro nivel.

Tercero, la esencia del Cuerpo de Cristo contiene la muerte todo-inclusiva de Cristo, con la capacidad de hacer morir las cosas negativas (Ro. 8:13b). Igual que los antibióticos tienen una esencia que mata los microbios, la muerte todo-inclusiva de Cristo puede matar todo lo negativo en nosotros. La redención efectuada por Cristo mediante Su cruz hace dos mil años, puede ahora ser aplicada a nosotros mediante Su Espíritu eterno. La eficacia de Su muerte opera nosotros por causa de que el Espíritu de Su esencia contiene la muerte todo-inclusiva de Cristo, y este Espíritu está ahora en nosotros. Cuando Él obra en nosotros, este Espíritu contiene la capacidad de matar todo lo negativo y hará morir todos los "microbios" negativos que hay en nosotros, igual que lo hacen los antibióticos.

Cuarto, la esencia del Cuerpo de Cristo también contiene la sobrepujante resurrección de Cristo con la sobrepujante capacidad de resurrección (Fil. 3:10a). Aunque nosotros frecuentemente nos sintamos afligidos y deprimidos en nuestra vida cristiana, cuando miramos al Señor y tenemos comunión con Él, hay una especie de poder interior que sobrepasa aquello, que simplemente nos sostiene al pasar por nuestras situaciones. Este poder sobrepujante es la resurrección de Cristo en nosotros, que llega a ser nuestra esencia sobrepujante. La resurrección de Cristo le levantó del hades, y El ascendió a los cielos, quedando por encima de todo. Ahora esta resurrección sobrepujante, la cual está en el Espíritu, que ha venido a ser la esencia del Cuerpo de Cristo, nos capacita para que participemos de su capacidad en el mismo Cuerpo.

LA REALIDAD DEL CUERPO DE CRISTO
El Espíritu de realidad del Dios Triuno

El tercer punto principal tiene que ver con la realidad del Cuerpo de Cristo. Ya hemos indicado que la realidad se refiere a la verdadera condición de las personas y las cosas. El Cuerpo de Cristo es la iglesia hoy día, y toda su realidad es el Espíritu de realidad del Dios Triuno consumado. La realidad del Dios Triuno procesado es el Espíritu de realidad consumado (Jn. 14:17; 15:26; 16:13; 1 Jn. 5:6). La realidad de todo lo que el Dios Triuno es, tiene y puede hacer es simplemente el Espíritu de realidad. La realidad de la muerte y resurrección por las que el Dios Triuno ha pasado, es también este Espíritu de realidad.

Más aún, este Espíritu de realidad hace realidad en el Cuerpo de Cristo todo lo del Dios Triuno procesado (Jn. 16:13-15). Es este mismo Espíritu de realidad el que hace que todas las riquezas del Dios Triuno, que son Su misma realidad, estén accesibles y sean reales en el Cuerpo de Cristo. Todo lo que el Dios Triuno procesado es, incluyendo la justicia, la santidad, la vida, la luz, el poder, la gracia, y todos los atributos divinos, son hechos reales por este Espíritu de realidad para que sean los verdaderos atributos del Cuerpo de Cristo (Ro. 15:16b; 14:17; Ef. 3:16). Inicialmente, tal justicia, santidad, vida, luz, poder y gracia eran meramente atributos de Dios; ahora estos atributos han sido hechos reales en la iglesia por el Espíritu en el Cuerpo de Cristo. La iglesia por tanto posee la realidad de los atributos divinos, tales como la justicia, la santidad, la vida, la luz, el poder y la gracia.

Además, todas las cosas que el Dios Triuno experimentó, incluyendo la encarnación, la crucifixión y la resurrección, son igualmente hechas reales por el Espíritu de realidad, a fin de que sean las verdaderas experiencias del Cuerpo de Cristo. Al principio, fue el Dios Triuno el que fue encarnado, crucificado y resucitado. Pero cuando el Espíritu de realidad vino, Él hizo estas experiencias del Dios Triuno reales en nosotros como nuestras verdaderas experiencias. Debido a esto podemos vivir una vida humana normal sobre la tierra hoy. Podemos resolver los asuntos negativos que nos asedian, mediante la capacidad de la muerte de Cristo. No perdemos nuestra paciencia, ni culpamos ni reprendemos a otros, porque la muerte de Cristo es hecha real en nosotros por el Espíritu de realidad. También, el Espíritu con la resurrección de Cristo obra en nosotros capacitándonos para que amemos y perdonemos a otros. Estos son ejemplos de cómo las experiencias del propio Dios Triuno han sido hechas reales en la iglesia por el Espíritu de realidad para que sean las experiencias genuinas de la iglesia. Este es el Espíritu de la realidad del Dios Triuno que viene a ser la realidad del Cuerpo de Cristo.

LA ESENCIA Y LA REALIDAD DEL CUERPO DE CRISTO SON COMPLETAMENTE ASUNTOS DEL ESPIRITU DEL DIOS TRIUNO PROCESADO Y CONSUMADO

Por último, necesitamos ver como conclusión que tanto la esencia como la realidad del Cuerpo de Cristo son completamente asuntos del Espíritu del Dios Triuno procesado y consumado. Sea esencia o sea realidad, todo es un asunto de ese Espíritu. El Espíritu es la realidad de la esencia y también es la esencia a la cual pertenece la realidad. La *esencia* pone énfasis en la substancia interna, mientras que la *realidad* recalca el hacerla real exteriormente. Debido a que el Espíritu es la substancia interna del Cuerpo de Cristo, Él también es la expresión tangible exterior de la misma. Tanto la esencia y la substancia internas como la realidad y la expresión externas son del Espíritu. Este Espíritu es la clave de todo lo que el Dios Triuno es para el Cuerpo de Cristo. Por ejemplo, la clave de que Dios ame el

Cuerpo de Cristo, lo santifique y lo fortalezca está en el Espíritu de realidad. Es el Espíritu de realidad quien hace real el amor de Dios en el Cuerpo de Cristo, de tal modo que sea santificado y fortalecido. Este Espíritu de realidad es el mismo Dios Triuno procesado, y también es la totalidad de los atributos del Dios Triuno procesado. Si tenemos este Espíritu, tenemos todos los atributos del Dios Triuno procesado, tales como amor, misericordia, justicia, santidad, vida, luz, poder y gracia. Además, el Espíritu es también la eficacia de todos los procesos del Dios Triuno procesado. La encarnación, la crucifixión y la resurrección tienen su propia eficacia, y su eficacia es simplemente el Espíritu de esencia y realidad. La eficacia de la muerte así como de la resurrección de Cristo se muestra en nosotros quienes poseemos este Espíritu de esencia y realidad.

TODA NUESTRA PERSONA SE VUELVE AL ESPIRITU, SE PONE EN EL Y VIVE SEGUN EL

Ahora este Espíritu mora en nuestro espíritu regenerado y está unido a nuestro espíritu como un solo espíritu (Ro. 8:9-11a; 1 Co. 6:17). El no sólo está en nosotros sino que también está unido a nuestro espíritu para llegar a ser un espíritu con nosotros. Por tanto, tenemos que ejercitarnos a volver todo nuestro ser a este espíritu y poner nuestra mente en él (Ro. 8:6b). No ponga su mente en asuntos frívolos; ponga su mente en el espíritu por medio de volver todo su ser a este espíritu. También debemos vivir y andar según este espíritu (Ro. 8:4). Debemos hablar, hacer las cosas, tratar a otros y tratar con los asuntos según este espíritu. Debemos hablar a los miembros de nuestra familia en nuestro hogar según este espíritu. Cuando vivamos en este espíritu, podremos expresar el Cuerpo de Cristo en nuestro vivir y llegar a ser Su expresión corporativa (Ef. 1:23).

(Mensaje dado por el hermano Witness Lee en Taipéi, Taiwán, el 13 de abril de 1990)

Capitulo tres

EL VIVIR EN EL CUERPO DE CRISTO

Lectura bíblica: Ef. 5:23; Col. 3:4a, 11b; 1 Co. 12:12; Ef. 1:23; Fil. 3:14; Ef. 4:4a; 1 Jn. 5:6; Fil. 4:12b; Ro. 15:13; 6:6; 8:13b; Gá. 5:24; Ef. 2:6a; Fil. 3:10a; 1 Jn. 5:11-12; Ro. 9:11b; Gá. 2:16a; Fil. 1:19-21a; Ro. 12:5

BOSQUEJO

I. Toma a Cristo como Cabeza, vida, contenido, objeto principal, centro y meta:
   A. Como Cabeza, vida y contenido—Ef. 5:23; Col. 3:4a, 11b:
      1. Con respecto a Cristo como la fuente y el elemento de Su Cuerpo.
      2. Refiriéndose al origen y existencia del Cuerpo de Cristo.
   B. Como objeto principal, centro y meta—1 Co. 12:12; Ef. 1:23; Fil. 3:14:
      1. Con respecto a Cristo como el significado y expresión de Su Cuerpo.
      2. Refiriéndose a la capacidad y función del Cuerpo de Cristo.
II. Tiene al Espíritu como esencia y realidad, y toma al Espíritu como punto clave y eficacia:
   A. Como esencia y realidad—Ef. 4:4a; 1 Jn. 5:6:
      1. Con respecto a la naturaleza interior y el verdadero estado exterior del Cuerpo de Cristo.
      2. Refiriéndose al ser interior y la manifestación exterior del Cuerpo de Cristo.
   B. Como punto clave y eficacia—Fil. 4:12b; Ro. 15:13:
      1. Con respecto a la habilidad y capacidad del Cuerpo de Cristo.
      2. Refiriéndose a la destreza y los logros del Cuerpo de Cristo.

III. Toma la crucifixión y la resurrección de Cristo como regulación:
   A. Por el lado negativo, es regulado por la crucifixión de Cristo:
      1. Nuestra crucifixión con Cristo es un hecho cumplido, comprendido por medio de la revelación divina—Ro. 6:6.
      2. Nuestra crucifixión con Cristo es la experiencia que debemos tener a diario, disfrutándola mediante la eficacia del Espíritu—Ro. 8:13b; Gá. 5:24.
   B. Por el lado positivo, es regulado por la resurrección de Cristo:
      1. Nuestra resurrección con Cristo es un hecho cumplido—Ef. 2:6a.
      2. Nuestra resurrección con Cristo es la experiencia que debemos tener a diario—Fil. 3:10a.
IV. Toma la vida y el Cuerpo como principio:
   A. Toma la vida como principio:
      1. Toma como principio la vida interior de Dios, la cual es sencillamente Cristo como la corporificación de Dios—1 Jn. 5:11-12.
      2. No toma como principio el comportamiento y moralidad exteriores del hombre—Ro. 9:11b; Gá. 2:16a.
   B. Toma el Cuerpo como principio:
      1. Todos los miembros expresan en su vivir a Cristo por medio del Espíritu de vida—Fil. 1:19-21a.
      2. Viven corporativamente y coordinan entre sí para expresar en su vida el Cuerpo de Cristo, a fin de ser la plenitud de Cristo que lo expresa a El—Ro. 12:5; Ef. 1:23.

En el último mensaje, vimos los elementos, la esencia, y la realidad del Cuerpo de Cristo. Ahora, con base en esto, vamos a hablar del vivir del Cuerpo de Cristo. Todos sabemos que el vivir de los seres vivientes, ya sea de los seres humanos, las aves, las bestias o el ganado, es conforme al elemento y la esencia de su vida. Las aves vuelan en el aire porque tienen la capacidad innata de volar. Los gatos cazan ratones y los perros ladran debido a sus capacidades innatas respectivas.

EL DIOS TRIUNO Y EL CUERPO DE CRISTO

Efesios 4:4-6 pueden considerarse los versículos más profundos de toda la Biblia. En ellos se lee: "Un cuerpo, y un Espíritu, como fuisteis también llamados en una misma esperanza de vuestra vocación; un Señor, una fe, un bautismo, un Dios y Padre de todos, el cual es sobre todos, y por todos, y en todos". Aquí se usa la palabra "un" siete veces, las cuales se dividen en tres grupos. Los tres primeros, un cuerpo, un Espíritu y una esperanza, forman el primer grupo. Los tres siguientes, un Señor, una fe y un bautismo, forman el segundo grupo. Por último, un Dios y Padre de todos es el tercer grupo. Aunque estos tres versículos son breves, son muy misteriosos, y nos revelan que el Dios Triuno —el Padre, el Hijo y el Espíritu— está relacionado con el Cuerpo de Cristo.

Un Cuerpo, un Espíritu y una esperanza

Estos versículos primeramente mencionan "un Cuerpo"; luego se menciona "un Espíritu". Este Espíritu es la esencia y realidad del Cuerpo de Cristo. Interiormente se contiene la esencia, y exteriormente se expresa la realidad. El Espíritu del Dios Triuno es la esencia que hay dentro del Cuerpo de Cristo y también es la realidad manifestada exteriormente. Esto hace que el Cuerpo tenga una esperanza, la cual es la regeneración y saturación que el Espíritu lleva a cabo para la manifestación de la gloria de Dios. Esta gloria es nuestra esperanza para el futuro (Col. 1:27). Toda persona salva ha nacido del Espíritu y ha obtenido al Espíritu, quien es la esencia y realidad del Cuerpo de

Cristo. Este Espíritu quiere saturar nuestro ser interior continuamente, a fin de saturar nuestro ser tripartito de tal modo que finalmente manifestemos la gloria de la divinidad.

La gente mundana vive en este mundo sin esperanza y sin Dios. Cuando son jóvenes, desean matricularse en buenas escuelas; después de graduarse, desean ir al extranjero para estudiar, luego conseguir un buen trabajo, encontrar un buen cónyuge, tener una familia y un negocio, y criar hijos. Pero finalmente no pueden evitar envejecer, padecer enfermedades y, por último, morir. Entonces se acaban todas sus esperanzas. Sin embargo, nosotros no somos así. Tenemos una esperanza gloriosa porque dentro de nosotros tenemos al Espíritu, quien es la esencia y realidad del Dios Triuno, y quien nos satura continuamente. Cuando el Señor regrese, Él será manifestado desde nuestro interior para introducirnos junto con Él en la gloria.

Un Señor, una fe y un bautismo

Además de esto, también hay un Señor, es decir, el Hijo en la Trinidad divina. Él vino para ser nuestra vida. Esta vida llegó a ser nuestro elemento interior, es decir, el elemento del Cuerpo de Cristo. El Espíritu es la esencia de este Cuerpo como algo interior; Él también es la realidad de este Cuerpo como algo exterior. El Señor es el elemento de este Cuerpo. Además, también hay "una fe, un bautismo". Al principio, todos estábamos en Adán; nuestro elemento era el elemento de Adán, el elemento de la muerte, no el elemento de la vida. Todos estábamos muertos en Adán. Hablando con propiedad, en Adán la gente no está viviendo cada día, sino muriendo cada día. La edad de un hombre es como los ahorros en un banco. Al principio ponemos cierto depósito, y luego seguimos escribiendo cheques. Gradualmente los ahorros disminuyen, y finalmente no nos queda nada y la cuenta se cierra. Cuando los seres humanos viven un día, pierden un día; cuando viven un año, pierden un año. Esta es la situación que se tiene en Adán, donde se toma a Adán como elemento. Pero cuando creímos en el Señor y fuimos bautizados en agua, nuestro viejo hombre fue sepultado y el elemento que provenía de Adán fue terminado. La travesía que los israelitas hicieron por el Mar Rojo es un tipo del bautismo. Una vez que cruzaron el Mar Rojo, se rompió su relación con Egipto. De igual manera, por medio del bautismo nosotros fuimos separados del elemento de Adán. Por lo tanto, el bautismo es una terminación, una separación; creer es entrar y unirse. Cuando creímos y fuimos bautizados, salimos de Adán; al mismo tiempo, entramos en Cristo y nos unimos a Cristo. Así que, dentro de nosotros tenemos otra vida, la cual es una vida nueva, un elemento nuevo. La vida vieja es la vida de Adán, el elemento de Adán; la nueva es Cristo como vida, Cristo como el elemento. La esencia y realidad del Espíritu proviene de este elemento de Cristo. Esto implica que el Espíritu quien es la esencia y realidad del Cuerpo de Cristo, proviene de Cristo quien es el elemento de Su Cuerpo.

Hemos dicho que la iglesia es diferente de cualquier asociación humana. La iglesia tiene a Dios; una asociación no lo tiene. Así que, esta iglesia que tiene a Dios llega a ser el Cuerpo, el organismo, de Cristo. Debido a que una asociación humana no tiene vida como su elemento, nunca llegará a ser un organismo. Sin embargo, si el elemento de Cristo no está en la iglesia, sino sólo el elemento de Adán, todavía no puede decirse que es el Cuerpo orgánico de Cristo. Aunque ya hemos sido bautizados, todavía existe la posibilidad de que permanezcamos en Adán y de que tengamos a Adán como elemento, en lugar del elemento de Cristo. En tal caso esto no es la iglesia. Por lo tanto, debemos aceptar la obra de la cruz y permitir que quite de en medio nuestro viejo hombre y nuestro ser natural; debemos poner a un lado a Adán, y dejar que Cristo brote. Vivimos una vida humana, no obstante hablamos por medio de Cristo e incluso hablamos la palabra de Cristo. Cuando todos somos tales, somos la iglesia verdadera, porque es Cristo quien es la vida y el elemento aquí.

Un Dios y Padre de todos

Ya hemos sido bautizados, hemos salido de Adán y creído en Cristo, y hemos sido unidos a Cristo; así que, Cristo es nuestra vida, nuestro elemento; El es nuestro Señor. Nuestro Señor es nuestra vida. Por lo tanto, estos versículos hablan de un Cuerpo, un Espíritu y también de un Señor. Finalmente, además de esto, tenemos un Dios y Padre de todos. Todas las cosas tienen un origen. El origen del Cuerpo de Cristo es el Padre. Efesios 4 no sólo dice un Dios, sino un Dios y Padre. Este Padre es la fuente, el origen del Cuerpo de Cristo. El Señor es el elemento del Cuerpo de Cristo; el Espíritu es la esencia y realidad del Cuerpo de Cristo; y el Padre es la fuente del Cuerpo de Cristo. Este Padre no sólo es sobre todos y por todos, sino también en todos. El es uno, sin embargo puede estar en tres lugares al mismo tiempo: sobre, en medio y adentro. Esto es el mezclar. El no sólo está sobre nosotros, sino también en medio de nosotros, e incluso en nosotros. Tal es el Dios Triuno: el Padre, el Hijo y el Espíritu.

CUATRO ASPECTOS DE LA RELACION EN EL VIVIR EN EL CUERPO DE CRISTO

Ahora necesitamos ver el vivir en el Cuerpo de Cristo. Este vivir está relacionado con cuatro cosas. En primer lugar, tiene una relación cuadruple con Cristo. El vivir en el Cuerpo de Cristo tiene a Cristo como su Cabeza, su vida, su contenido, su objeto principal, su centro y su meta, porque Cristo es el elemento de este Cuerpo. En segundo lugar, el vivir en el Cuerpo tiene relación con el Espíritu. El vivir en el Cuerpo de Cristo tiene al Espíritu como la esencia, la realidad, la clave y la eficacia, porque el Espíritu es la esencia interior y la realidad expresada de este Cuerpo. En tercer lugar, este vivir tiene relación con la muerte y resurrección de Cristo. El vivir en el Cuerpo de Cristo toma la muerte y resurrección de Cristo como su regulación. Todo organismo tiene su regulación, la cual no debe violarse. Si deseamos vivir la vida del Cuerpo de Cristo, necesitamos estar en resurrección por medio del Espíritu y mediante la cruz. En cuarto lugar, existe la relación con la vida y el Cuerpo. Se toma la vida y el Cuerpo como principio. El principio del vivir en el Cuerpo de Cristo es la vida, no el comportamiento; y esto es corporativo, y no individual. La combinación de estos cuatro aspectos es el vivir en el Cuerpo de Cristo, en la vida cristiana, y también en la vida de la iglesia.

Por lo tanto, aquí vemos que el vivir en el Cuerpo de Cristo tiene cuatro aspectos de relación: Cristo como elemento, el Espíritu como esencia, la muerte y la resurrección como regulación, y la vida y el Cuerpo como principio. Puedo testificar que he vivido hasta hoy debido a la gracia de Dios y también porque he guardado la regulación y principio de mi cuerpo; es así que mi cuerpo todavía está sano. Este asunto tiene muchas implicaciones. El vivir en el Cuerpo de Cristo tiene su elemento básico, su esencia intrínseca, su realidad extrínseca y también su regulación y su principio. No sólo vivimos por el elemento, la esencia y la realidad en este Cuerpo, sino que también vivimos dentro de la regulación y el principio de este vivir, siendo gobernados y controlados por éste.

EL VIVIR EN EL CUERPO DE CRISTO

Toma a Cristo como Cabeza, vida, contenido, objeto principal, centro y meta

El primer aspecto en la relación del Cuerpo de Cristo es su relación con Cristo. Cristo es el centro del Dios Triuno. Entre las personas del Dios Triuno —el Padre, el Hijo y el Espíritu— El también es el centro. El Cuerpo de este Cristo, quien es el centro del Dios Triuno, ciertamente lo toma a El como Cabeza. Todos estamos bajo la autoridad de Cristo como Cabeza; El es nuestra Cabeza, nuestra vida. El vivir del Cuerpo de Cristo toma a Cristo como su Cabeza, su vida y su contenido (Ef. 5:23; Col. 3:4a, 11b); esto tiene que ver con Cristo como la fuente y el elemento de Su Cuerpo, y se refiere al origen y existencia del Cuerpo de Cristo. Además, este vivir toma a Cristo como su objeto principal, su centro y su meta (1 Co. 12:12; Ef. 1:23; Fil. 3:14). Esto tiene que ver con Cristo como el significado y la expresión de Su Cuerpo y se refiere a la capacidad y función del Cuerpo de Cristo. Esto muestra que el Cuerpo de Cristo es significativo y activo.

Si una persona diligente se toma a sí misma como objeto principal y meta, finalmente dañará a otros. Pero si uno se esfuerza y sin embargo no se centra en sí mismo, sino en la meta de sus esfuerzos, beneficiará a la sociedad y al país. Todos nosotros fuimos hechos para Dios. Si nosotros, después de ser salvos, no somos para Dios, sino para nosotros mismos, somos miserables y sin esperanza. Por lo tanto, para nosotros los cristianos, nuestra Cabeza es Cristo, nuestro contenido es Cristo, nuestro objeto principal y nuestro centro también son Cristo, e incluso nuestra meta es Cristo. Debido a que la naturaleza del Cuerpo de Cristo es Cristo, esto hace que su capacidad también sea Cristo. Hoy en día en la iglesia, todos nosotros somos miembros del Cuerpo de Cristo. El Cuerpo de Cristo tiene un objeto principal, un centro y una meta, que es Cristo mismo. Puesto que Cristo es el objeto principal, el centro y la meta del Cuerpo de Cristo, nosotros los miembros también debemos tomar a Cristo como nuestro objeto principal, nuestro centro y nuestra meta. De esta manera podemos darle la oportunidad de manifestar la capacidad y función que existe dentro de Su naturaleza. Esta es la vida de iglesia que tenemos.

Toma al Espíritu como esencia, realidad, clave y eficacia

El segundo aspecto en la relación del Cuerpo de Cristo es su relación con el Espíritu como su esencia, realidad, clave y eficacia. La esencia y la realidad (Ef. 4:4a; 1 Jn. 5:6) están relacionadas con la naturaleza intrínseca y con la condición exterior del Cuerpo de Cristo. Se refieren al ser intrínseco y a la manifestación exterior del Cuerpo de Cristo. Todo asunto tiene una naturaleza intrínseca y una realidad exterior. Dentro de nosotros los cristianos hay una esencia, y la realidad que manifestamos por fuera debe ser la expresión de esta esencia en nuestro vivir. Nuestra esencia es el Espíritu, y la realidad que expresamos en nuestro vivir también debe ser el Espíritu. Si no somos tales, somos cristianos "de baja calidad", que carecen de la esencia intrínseca y de la condición exterior apropiada.

Puesto que nuestra esencia intrínseca y nuestra realidad exterior son el Espíritu, quien es el Cristo *pneumático*, debemos tener comunión con El, permitiendo así que El nos llene y nos sature. El está dentro de nosotros como nuestra esencia, saturándonos de modo que lo manifestemos exteriormente como la realidad de nuestra vida cristiana. Esto entonces es el ser intrínseco y la manifestación exterior del Cuerpo de Cristo, la iglesia. En la época actual, lo que la sociedad humana necesita es una lámpara que brille claramente. El Cuerpo de Cristo, la iglesia, lleno del Espíritu interiormente y manifestando la realidad de Cristo exteriormente, puede resplandecer con esta luz para alumbrar este siglo oscuro. El Señor Jesús dijo que nosotros los que le pertenecemos a El somos la luz del mundo (Mt. 5:14). Podemos alumbrar a los que están en tinieblas. No podemos ser como el cristianismo general, que tiene nada más un nombre sin tener la substancia. Necesitamos ser llenos del Espíritu interiormente para que podamos expresar a Cristo en nuestro vivir.

El vivir del Cuerpo de Cristo también toma al Espíritu como su clave y su eficacia (Fil. 4:12b; Ro. 15:13). El Espíritu, quien es nuestra esencia interior y nuestra realidad exterior, también es la clave y eficacia de nuestra práctica de la vida del Cuerpo. Esto tiene que ver con la habilidad y la capacidad del Cuerpo de Cristo y se refiere a la destreza y a los logros del Cuerpo de Cristo. No debemos pensar que necesitamos habilidad y capacidad superiores solamente en nuestra obra; incluso al vivir la vida del Cuerpo de Cristo, también necesitamos la técnica y las habilidades. A veces, debido a nuestra falta de tacto para hablar, ofendemos a muchas personas y lo arruinamos todo. Esto se debe a nuestra falta de destreza y habilidad en hablar. Ser cristiano no es cosa sencilla. Antes de que fuéramos salvos, íbamos por nuestro propio camino; después de ser salvos, estamos vinculados a Cristo. Nuestro vivir es como una carrera a tres piernas. Somos regulados y restringidos por El en todo aspecto. Si no somos sabios y carecemos de destreza y habilidad en nuestro vivir, nos sentiremos torpes y toscos.

Pero si tenemos al Espíritu como la clave, sabiendo así cómo seguir a Cristo, estaremos felices y cómodos. Inmediatamente después de que algunas parejas se casan, durante su luna de miel, se tratan con dulzura. Pero después de unos cuantos días, la verdadera situación es expuesta, y ellos se ponen a pelear. En tal momento, necesitan aprender a conocerse el uno al otro y a adquirir destreza para conversar en su vivir diario de modo que sepan hablar, expresarse y que incluso sepan enojarse. Algunos se divorcian sencillamente porque no tienen la habilidad de conducirse bien ni conocen el arte de vivir como un ser humano. Nosotros los que tenemos a Dios, tenemos al Espíritu en nuestro interior, y este Espíritu es nuestra técnica. Puede ser que a veces surjan situaciones en la casa. Si estamos en nuestro espíritu, sabremos cómo hablar y cómo manejar las situaciones; en la mayoría de los casos, esto calmará el viento y las olas. Es lo mismo en la vida de la iglesia. Muchas veces algunas cosas son innecesarias. Las disputas y fricciones innecesarias se deben a que no tenemos el Espíritu como la clave de nuestro vivir. En nuestro vivir no hay discreción ni habilidad refinada. Esta frase *habilidad refinada* implica hermosura. Para que sea hermoso, nuestro vivir necesita habilidad refinada. Si nuestro comportamiento tiene esta habilidad refinada, nuestro vivir estará lleno de mérito.

Si podemos tomar al Espíritu como la clave de nuestro vivir, nuestro comportamiento será diestro, y no tendremos disputas ni desacuerdos. Sin duda nuestro vivir estará lleno de mérito. Por lo tanto, en el vivir del Cuerpo de Cristo, en nuestro hablar y al enfrentarnos con las situaciones, necesitamos orar mucho, recibir más del Espíritu, permitir que más de la cruz de Cristo nos quebrante, y vivir más por la resurrección de Cristo. Al hacer esto, nuestro vivir en el Cuerpo de Cristo estará lleno de habilidad y mérito.

Toma la crucifixión y resurrección de Cristo como regulación

Por esta razón, en el vivir del Cuerpo de Cristo necesitamos tomar la crucifixión y resurrección de Cristo como lo que nos regula. Por el lado negativo, tomamos la crucifixión de Cristo como regulación; por el lado positivo, tomamos la resurrección de Cristo como regulación. Cuando hablamos, necesitamos aceptar el tratamiento y la regulación de la cruz de Cristo. Por medio de esta regulación, sabremos cómo debemos hablar y qué es lo que se debe decir. Además de aceptar la regulación de la crucifixión de Cristo, todavía necesitamos conocer la resurrección de Cristo y tomar la resurrección de Cristo como la regulación positiva. Cristo, quien vive en nosotros, no es pasivo e inactivo; dentro de nosotros Él es activo y hace las cosas con propósito. No actúa en nosotros de modo vigoroso, sino que opera calmada pero poderosamente en nuestro interior. Su operación es el poder de Su resurrección. Si cooperamos con Su operación, Su poder de resurrección vendrá y hará que nos remontemos sobre todo y que venzamos.

Hoy en día la gente está en una situación de esclavitud, viviendo una vida de opresión todos los días. Así que, nosotros necesitamos el poder de resurrección, y, dentro de nosotros, Cristo es ese poder. Si cooperamos con Él, podemos superar todas las circunstancias y no estaremos bajo ninguna opresión. Por una parte, por medio de la obra de la cruz, quitamos de nosotros todo lo que no le agrada al Señor; por otra parte, disfrutamos la supereminencia de la resurrección de Cristo. En Filipenses 3:10 Pablo dice: "A fin de conocerle, y el poder de su resurrección ...llegando a ser semejante a él en su muerte". Pablo pedía y oraba de esa manera, así que nosotros también debemos pedir y orar de esa manera para que no estemos bajo la opresión de ninguna de nuestras circunstancias; en lugar de eso, podemos superarlas y llevar a cabo el vivir del Cuerpo de Cristo.

Nuestra crucifixión juntamente con Cristo es un hecho cumplido; nos es hecho real por medio de la revelación divina (Ro. 6:6). Nuestra crucificxión juntamente con Cristo también debe ser nuestra experiencia a cada momento; tenemos esta experiencia por medio de la eficacia del Espíritu (Ro. 8:13b; Gá. 5:24). El himno 631 [del himnario en inglés] dice: "Si deseo conocer el poder de la resurrección de Cristo, siempre debo amar la cruz; la vida sólo surge de la muerte; no hay ganancia si no perdemos algo". Esta debe ser nuestra oración diaria, para que cada momento tengamos tal experiencia. Por otro lado, conforme a la revelación del Nuevo Testamento, nuestra resurrección juntamente con Cristo también es un hecho cumplido (Ef. 2:6a). Fuimos crucificados juntamente con Cristo, y también fuimos resucitados juntamente con Cristo. Así que, ser resucitados juntamente con Cristo también debe ser nuestra experiencia a cada momento (Fil. 3:10a). Por medio de esta experiencia de resurrección podemos ser conformados a Su muerte.

Toma la vida y el Cuerpo como principio básico

El cuarto aspecto del vivir del Cuerpo de Cristo es el de tomar la vida y el Cuerpo como principio básico. Ya hemos mencionado que el vivir de toda clase de vida tiene su regulación y principio particular. El principio del vivir del Cuerpo de Cristo no es nada menos que la vida y el Cuerpo. Tomar la vida como principio básico es tomar la vida intrínseca de Dios, la cual es Cristo como la corporificación de Dios (1 Jn. 5:11-12), y no tomar como principio la conducta y moralidad exterior del hombre (Ro. 9:11b; Gá. 2:16a). Nunca debemos tener el pensamiento de que ahora que somos salvos y que somos cristianos, debemos tomar como principio la buena conducta y las buenas normas morales. No debe ser así. Eso no es el vivir que el Cuerpo de Cristo debe tener; sólo es un vivir conforme a la bondad humana. Nosotros los cristianos hemos sido regenerados en nuestro espíritu; así que, tenemos como principio básico la vida, y no la moralidad. En nuestro vivir, tenemos que expresar a Cristo y no la moralidad. Debemos tomar a Cristo como vida, como el principio de nuestro vivir, con mansedumbre, cortesía, honrando a nuestros padres, con humildad y con paciencia; no obstante, todo esto debe ser el vivir de Cristo desde nuestro interior por medio del Espíritu, y no algo que realicemos por nuestros propios esfuerzos. Así que, amamos a Cristo y nos acercamos a Cristo. El Espíritu de Cristo nos llena interiormente de modo que desde nuestro interior vivimos a Cristo como todas estas virtudes. Honrar a otros es Cristo; el amor es Cristo; la longanimidad es Cristo; la humildad y la paciencia también son Cristo. Todas nuestras virtudes son el vivir de Cristo desde nuestro espíritu.

Además, nuestro vivir también toma el Cuerpo como su principio. Todos somos miembros del Cuerpo de Cristo. Cada miembro expresa a Cristo en su vivir por medio del Espíritu de vida (Fil. 1:19-21a). Al mismo tiempo, vivimos corporativamente, no de manera individualista. Si el vivir de un miembro individual está bien o mal, eso sólo tiene que ver con el miembro mismo, no con el Cuerpo. Unicamente por medio de vivir corporativamente y expresar a Cristo en coordinación, tendremos el vivir del Cuerpo de Cristo, el cual será la plenitud de Cristo para expresarlo a El (Ro. 12:5; Ef. 1:23). Por lo tanto, en nuestro vivir normal debe haber cierta conciencia del Cuerpo de Cristo. Cualquier modo de vivir que no esté unido al Cuerpo de Cristo no tiene conciencia del Cuerpo de Cristo. Debemos aceptar la regulación del Cuerpo de Cristo para poder vivir la vida que tiene como principio el Cuerpo de Cristo.

(Mensaje dado por el hermano Witness Lee en Taipéi, Taiwán, el 14 de abril de 1990)

CAPITULO CUATRO

EL SERVICIO DEL CUERPO DE CRISTO

Lectura bíblica: Ro. 12:1, 5; 1 P. 2:5, 9; Ro. 15:16; Ef. 4:11-12; Hch. 2:36; 2 Co. 4:5a; Hch. 13:2; 1:8; Mt. 28:18-19; Hch. 4:31b; 1 Co. 2:4; Hch. 6:10; 11:18; Ro. 12:4; 1 Co. 12:7, 11; Jn. 21:15-17; 1 Co. 14:1, 3-5, 12, 24, 31; Ef. 4:16; 1 P. 2:2; Col. 1:28-29

BOSQUEJO

I. Es el servicio del sacerdocio neotestamentario del evangelio—1 P. 2:5, 9:
   A. Se centra en la predicación del evangelio a fin de salvar pecadores y ofrecerlos como sacrificios a Dios—Ro. 15:16.
   B. Su meta es edificar el Cuerpo de Cristo—Ef. 4:11-12.
II. Toma a Cristo como Señor—Hch. 2:36; 2 Co. 4:5a; Hch. 13:2:
   A. Conforme al deseo del corazón de Cristo.
   B. Para el propósito de Cristo.
III. Toma al Espíritu Santo como poder y autoridad—Hch. 1:8; Mt. 28:18-19:
   A. Predicando la Palabra de Dios por medio del poder del Espíritu—Hch. 4:31b; 1 Co. 2:4; Hch. 6:10.
   B. Dispensando vida por medio del Espíritu—Hch. 11:18.
IV. Toma el Cuerpo como medio—Ro. 12:5:
   A. Cada miembro participa en el servicio—Ro. 12:4; 1 Co. 12:7, 11.
   B. Este es el servicio corporativo del Cuerpo en la coordinación del Cuerpo—Ro. 12:5:
      1. Predicando el evangelio para salvar pecadores—Ro. 15:16.

2. Alimentando a los corderos del Señor y pastoreando al rebaño del Señor—Jn. 21:15-17.
3. Perfeccionando a los santos para que edifiquen el Cuerpo de Cristo—Ef. 4:11-12.
4. Profetizando, hablando por el Señor, para edificar la iglesia—1 Co. 14:1, 3-5, 12, 24, 31.

C. El Cuerpo se edifica a sí mismo por medio de cada coyuntura del suministro y mediante todo miembro que funciona—Ef. 4:16.

V. Los tres pasos de la ofrenda hecha en el Cuerpo por los sacerdotes del evangelio:

A. Trayendo pecadores a la salvación y ofreciéndolos como sacrificios a Dios—1 P. 2:9b, 5b; Ro. 15:16.

B. Nutriendo a los creyentes para que crezcan y se presenten a sí mismos como sacrificios vivos a Dios—1 P. 2:2; Ro. 12:1.

C. Laborando y luchando con toda sabiduría para presentar perfecto en Cristo a cada uno de los santos—Col. 1:28-29.

Oración: Oh Señor Jesús, te damos gracias y te alabamos desde lo más profundo de nuestro ser. Tú has bendecido las tres reuniones anteriores, y ahora nos has traído a esta reunión esta noche. Puesto que nos has dado un comienzo glorioso y una continuación gloriosa, concédenos una conclusión gloriosa, de modo que veamos una bendición de parte de Ti más grande de la que hemos visto en las reuniones anteriores. Te pedimos que nos hables otra vez y que liberes para nosotros las maravillas de Tu Palabra. Límpianos con Tu sangre y úngenos con Tu ungüento santo. Unge al que habla y también a los que escuchan. Unge a cada uno de los que están en esta reunión para que todos podamos recibir de Ti el suministro. Señor Jesús, glorifícate y santifica Tu santo nombre. Señor, te exaltamos, te adoramos, y con gozo te alabamos. Amén.

EL SERVICIO DEL CUERPO DE CRISTO ES ORGANICO Y TAMBIEN ESPECIFICO

Esta es la última reunión. En las tres reuniones anteriores, vimos el origen del Cuerpo de Cristo, los elementos, la esencia y la realidad del Cuerpo de Cristo, y también el vivir del Cuerpo de Cristo. Ahora queremos considerar el servicio del Cuerpo de Cristo. El Cuerpo de Cristo es un organismo que tiene un origen, unos constituyentes, unos elementos, una esencia constitucional y una realidad, la cual se manifiesta exteriormente. Todo esto espontáneamente produce cierta clase de vivir.

En el mensaje anterior, dijimos que el vivir del Cuerpo de Cristo toma a Cristo como Cabeza, vida y centro, y también al Espíritu como esencia y realidad; toma la crucifixión y resurrección de Cristo como norma, y la vida y el Cuerpo como principio. Creo que todos hemos visto esto y hemos recibido de ello cierta ayuda. Ahora vamos a ver el servicio del Cuerpo de Cristo. Aunque la palabra *servicio* es común, el asunto en sí no es sencillo. Conforme a su significado correcto, es mejor traducir esta palabra como *ministerio*. En términos comunes, un ministerio indica una comisión especial. Esto es semejante a un cartero que ha sido enviado específicamente para llevar a cabo cierto propósito especial.

Aunque después de cuatro o cinco años de esforzarnos y luchar, todavía no se han visto resultados sobresalientes, cada día la práctica de la nueva manera se hace más y más manifiesta. Esta mañana tuvimos una reunión con los nuevos creyentes que fueron introducidos en la vida de la iglesia por medio de la extensión de nuestra obra evangelística. Entre los dos mil que asistieron, más de mil trescientos habían sido salvos el año pasado, en varios pueblos y aldeas. Ellos son el fruto producido por los equipos evangelísticos que han salido. Esta obra de difundir el evangelio por el campo, es verdaderamente una comisión especial. Durante los últimos quince meses, a partir de enero del año pasado, nuestros hermanos y hermanas han ido por el campo con una comisión. Han estado "cultivando la tierra" con empeño, sembrando con lágrimas. Ahora con regocijo están trayendo sus gavillas.

Estuve sentado allí, mirándolos reunidos y cantando. No parecían nuevos creyentes, sino profesionales que sabían cantar, sonreír y expresarse. Fui conmovido profundamente por ellos. Podía ver por sus testimonios que algunos eran más maduros y otros lo eran menos; algunos muy cultos, y otros no tan cultos; algunos toscos, otros refinados. Tal variedad de personas era totalmente maravillosa. Esto es el fruto de la nueva manera. Entre ellos no había ni una pizca de cristianismo. Estaban vivos, eran orgánicos y espirituales y estaban llenos de vida. Esta es la razón por la cual yo creo que, puesto que el Cuerpo de Cristo es un organismo viviente, su servicio también debe ser viviente y orgánico. Si nosotros como miembros de Cristo no podemos reírnos ni llorar, ni brincar ni gritar, es difícil que nuestro servicio sea eficaz. Sólo cuando estamos vivos podemos servir con éxito. Cuando somos solemnes e insípidos, sólo podemos atar y poner trabas a otros. En la predicación del evangelio, primeramente nosotros mismos debemos ser librados por el Señor, antes de que podamos librar a otros.

El servicio del Cuerpo de Cristo no sólo es viviente y orgánico, también es específica. Hasta la cosa más pequeña que hacemos en el Cuerpo de Cristo es específica. Ya sea que predique el evangelio o alimente a los corderos, cada miembro tiene que recibir una carga específica del Señor y hacer lo mejor para cumplir con su propio servicio. Si una iglesia tiene muchos santos que predican el evangelio y pastorean a los corderos, si está llena de actividades relacionadas con el evangelio y el pastoreo, sin duda esa iglesia será prevaleciente. Es menester que todos ustedes aprendan a hacer la obra del Señor por comisión especial, para que puedan cumplir con su servicio en el Cuerpo. Esto no quiere decir que deben ser obreros de tiempo completo, sino que deben tener contacto con la gente espontáneamente en su vida diaria. Pueden predicar el evangelio a sus compañeros de clase mientras juegan fútbol con ellos, y pueden alimentar a los corderos por teléfono. De todos modos, todos nosotros debemos servir en el Cuerpo de Cristo, y debemos hacerlo de modo específico.

EL SERVICIO DEL CUERPO DE CRISTO

Es el servicio del sacerdocio neotestamentario del evangelio

El servicio de la iglesia como Cuerpo de Cristo es el servicio del sacerdocio neotestamentario del evangelio (1 P. 2:5, 9). Es el servicio del Nuevo Testamento, y está relacionado con el evangelio y el sacerdocio. Un sacerdote es un individuo, mientras que el sacerdocio es corporativo. El servicio de la iglesia es semejante a un equipo de fútbol que es una entidad corporativa. Un partido de fútbol no se juega por medio de un solo individuo, sino por medio de un grupo. Nosotros también debemos llevar a cabo nuestro servicio como entidad corporativa, a saber, el sacerdocio neotesta.mentario del evangelio. Lo principal de este servicio es centrarnos en la predicación del evangelio para salvar pecadores y ofrecerlos como sacrificios a Dios (Ro. 15:16). Hablando en términos generales, predicar el evangelio es ganar almas. Esto no está mal, pero tal meta no es suficientemente alta. Nuestro énfasis en la predicación del evangelio no está en esto sino en la ofrenda que Dios debe recibir. Conforme a la revelación del Antiguo Testamento, diariamente nuestro Dios espera nuestra ofrenda para El. En realidad, hay que ofrecer los sacrificios no sólo cada día sino cada mañana y cada tarde. Hoy en día nuestra predicación del evangelio tiene como fin no meramente ganar almas, sino salvar pecadores uno por uno, y ofrecerlos como sacrificios a Dios. Este es el enfoque de nuestro servicio. Cuando fui salvo, oí que yo debía predicar el evangelio diligentemente para salvar almas. Más tarde, también oí que debía predicar el evangelio diligentemente a fin de dar fruto. Dar fruto parece ser un poco más elevado que ganar almas. Durante los dos últimos años, comencé a darme cuenta de que somos los sacerdotes de Dios y que nuestra predicación del evangelio no debe ser meramente ganar almas o dar fruto. Es salvar a los pecadores y ofrecerlos a Dios como sacrificios. Supongamos que usted predica el evangelio a alguien y lo bautiza después de que él haya creído y recibido al Señor. Ahora usted debe acordarse de ofrecer a esta persona como sacrificio a Dios en sus oraciones. Si hace esto, será una persona gozosa. Este es el enfoque de nuestro servicio como sacerdotes neotestamentarios del evangelio.

Además, el servicio del sacerdocio neotestamentario del evangelio tiene como fin la edificación del Cuerpo de Cristo (Ef. 4:11-12). El enfoque de nuestro servicio es salvar pecadores y ofrecerlos a Dios, mientras que la meta es edificar el Cuerpo de Cristo. Después de que predicamos el evangelio, traemos un pecador a la salvación, y lo ofrecemos como sacrificio a Dios, tal sacrificio llega a ser material para la edificación del Cuerpo de Cristo. En mi regreso a Taipéi esta vez, estoy muy contento de ver que ustedes han seguido adelante en la nueva manera. Aunque la velocidad del avance no es mucha, con todo están progresando de modo firme. Me deleita especialmente ver a tantos nuevos creyentes que han sido introducidos en la vida de la iglesia por medio de la difusión de nuestra obra evangelística. Ellos están siendo ofrecidos a Dios como sacrificios, y todos han llegado a ser materiales para la edificación del Cuerpo de Cristo. Sin material, es vano hablar de la edificación. Ahora tenemos bastante material para la edificación del Cuerpo de Cristo. Esto es el resultado de la nueva manera.

Toma a Cristo como Señor

Además, debemos tomar a Cristo como Señor en el servicio del Cuerpo de Cristo y de la iglesia (Hch. 2:36; 2 Co. 4:5a; Hch. 13:2). Esto es conforme al deseo de Cristo y es para el propósito de Cristo. No debemos tomar a ninguna persona como Señor sino sólo a Cristo. Cuando servimos en el Cuerpo de Cristo, debemos aprender a buscar mucho al Señor en todas las cosas por medio de la oración, y debemos pedirle que nos guíe a fin de que sepamos el deseo de Su corazón y comprendamos Su propósito. Sólo El es el Señor. Aunque no lo vemos, El sigue siendo el Señor, y aunque no lo podemos tocar, El está presente entre nosotros. Por medio de El, podemos enfrentar y vencer todos los impedimentos y problemas que encontramos en nuestro servicio. Así que, debemos aprender a reconocerlo como Señor, a tener comunión con El continuamente, a buscar Su presencia y a conocer el deseo de Su corazón y Su propósito.

Toma al Espíritu Santo como poder y autoridad

En el servicio del Cuerpo de Cristo no sólo tomamos a Cristo como Señor sino que también tomamos al Espíritu Santo como poder y autoridad (Hch. 1:8; Mt. 28:18-19). Para hacer cualquier cosa necesitamos poder y autoridad. El Espíritu Santo es nuestro poder y nuestra autoridad en el servicio del Cuerpo de Cristo. El Señor dijo en Mateo 28:18-19: "Toda potestad me es dada en el cielo y en la tierra. Por tanto, id, y haced discípulos a todas las naciones". Cuando el Señor habló esta palabra, ya nos había dado todo poder y autoridad. Así que, tenemos que considerarlo un hecho que el Cristo que fue transfigurado como el Espíritu Santo está con nosotros cuando salimos para predicar el evangelio. El Espíritu Santo quien está presente con nosotros es nuestro poder y autoridad.

Puede ser que a veces usted le predique el evangelio a una persona obstinada e inflexible. Usted debe orar en su corazón: "Señor, Tu autoridad está aquí. Ejerce Tu autoridad sobre esta persona". Al aplicar así la autoridad que el Señor le ha dado, muchas veces usted verá que el corazón de esta persona será suavizado hasta tal punto que finalmente recibe al Señor en su corazón, invoca Su nombre y es bautizada. Por lo tanto, aprenda a predicar la Palabra de Dios por el poder del Espíritu Santo (Hch. 4:31b; 1 Co. 2:4; Hch. 6:10) y a dispensar vida por medio del Espíritu Santo (Hch. 11:18). El Espíritu Santo está con usted. No hable superficialmente por medio del hombre natural, sino que hable por medio de ejercer interiormente el poder y la autoridad que le han sido dados por el Espíritu Santo.

Toma el Cuerpo como medio

Cada miembro sirve en la coordinación del Cuerpo

Además, también necesitamos tomar el Cuerpo como nuestro medio (Ro. 12:5). Este Cuerpo no es nuestro cuerpo sino el Cuerpo de Cristo. Cuando usted va a predicar el evangelio, todo el Cuerpo va, no usted solo. Usted predica en el Cuerpo y sirve en el Cuerpo. Somos el Cuerpo de Cristo, y en este Cuerpo cada miembro sirve (Ro. 12:4; 1 Co. 12:7, 11). Es más, cada uno sirve en la coordinación del Cuerpo, lo cual da por resultado un servicio corporativo del Cuerpo (Ro. 12:5). Al predicar el evangelio, es mejor que tres o cinco se unan, y que, de estos tres o cinco, algunos vayan a predicar y los otros se queden en casa para orar. Después, todos pueden reunirse para tener comunión. Esto es coordinación.

Las grandes reuniones evangelísticas del pasado eran buenas, pero tenían esta deficiencia: sólo uno hablaba y no todos podían funcionar. Supongamos que todos los que están aquí van y se ponen en contacto con la gente para predicarles el evangelio por medio de visitarlos o llamarlos por teléfono o escribirles cartas que presenten el evangelio. Yo creo que el resultado de todo esto sería mucho más grande que lo que resultaría de que un solo hombre que hablara todos los días. Me doy cuenta de que muchas veces ustedes están ocupados, pero todavía pueden hacer esta clase de trabajo una vez por semana. Pueden hacer llamadas telefónicas. Traten de conseguir algunos números de teléfono. Pueden comenzar llamando a sus parientes, sus conocidos, sus colegas o compañeros de clase, hablando con ellos por teléfono. También pueden citarse con ellos para visitarlos o pueden escribirles una carta que les presente el evangelio. Creo, sin duda alguna, que si hacen estas tres cosas —escribirles cartas, llamarlos por teléfono, y visitarlos— en la coordinación del Cuerpo, será muy eficaz.

Hoy en día, en la mayoría de las grandes corporaciones, la tarea está distribuida entre muchas personas y no está concentrada en las manos de unas cuantas. El error que cometimos en la vieja manera se debía a que seguíamos el principio de depender de que una o dos personas lo hicieran todo. La administración comercial moderna procura abandonar este principio y reemplazarlo con el repartimiento de la labor y la cooperación mutua. Este también es el principio de nuestra práctica de la nueva manera: todos deben participar. El ejemplo más claro de esto es que dos mil nuevos creyentes han sido traídos como fruto durante el año pasado por doscientas personas que fueron al campo para difundir el evangelio. Ciertamente no habríamos obtenido este fruto si estos doscientos santos no hubieran salido. De igual manera, ¿no habríamos obtenido más si hubiéramos enviado más? Si sólo hubiéramos dependido de unos cuantos oradores, el número de nuevos creyentes que hubiéramos ganado en dos o tres años probablemente habría sido muy pequeño.

Por esta razón, quiero compartir con ustedes algo que puede lograrse fácilmente. Espero que después de graduarse de la universidad, nuestros jóvenes no estén asiosos por continuar su educación ni por encontrar trabajo inmediatamente. Más bien, deben apartar dos años de su tiempo para el servicio de la iglesia, sirviendo al Señor de tiempo completo. Deben pasar un año en el entrenamiento y otro año en las aldeas. Después de dos años, pueden considerar cómo los va a guiar el Señor: a servir al Señor de tiempo completo por el resto de su vida o a servir al Señor mientras trabajan, como la mayoría. De esta manera, los servidores se alternarán entre nosotros para llevar el evangelio a todo Taiwán.

No hemos predicado el evangelio completamente ni siquiera en Taipéi. El número de personas salvas en Taiwán, en total, no asciende al cinco por ciento de la población total. Si los universitarios entre nosotros son guiados a servir a la iglesia por dos años después de graduarse, predicando el evangelio con persistencia, firmeza y diligencia por medio de hacer llamadas telefónicas, escribir cartas que presenten el evangelio, o hacer visitas, y si coordinan con todos los santos en el servicio corporativo del Cuerpo, yo creo que la iglesia tendrá un gran aumento.

Hace más de cinco años que estoy tomando la iniciativa aquí en la práctica de la nueva manera. Todavía hay tres cosas que me gustaría hacer, las cuales no se han hecho. Primero, la mayoría de los ochenta o más ancianos de los veintitrés locales que hay en Taipéi son jóvenes. Todos estos ancianos necesitan ser pastoreados. No obstante, durante los últimos años no hemos tenido personas apropiadas que pudieran pastorearlos. En segundo lugar, en la práctica anterior de la nueva manera hemos puesto énfasis sólo en ir de puerta en puerta para predicar el evangelio, y no en llamar por teléfono ni escribir cartas. De aquí en adelante, debemos hacer los tres. Al mismo tiempo, necesitamos tener reuniones "de cosecha" al menos una vez por mes. Debemos reunir a nuestros amigos que están en nuestros distritos, grupos y hogares para que escuchen de las personas dotadas la predicación de las verdades del evangelio más a fondo y más completamente, a fin de que sean cosechados. En tercer lugar, todavía no tenemos un local adecuado que tenga sitio para el aumento de creyentes que hay entre nosotros. Creo que en un futuro próximo podremos edificar en nuestra propiedad en la Calle Hsin-Yi, un local que tenga una capacidad para diez mil personas. Entonces podremos tener conferencias cada dos o tres meses para liberar los mensajes del Señor. Esto también es una gran necesidad. Oren mucho por la marcha de los acontecimientos con respecto a la edificación de dicho salón.

EL SERVICIO DEL CUERPO DE CRISTO 61

Es el servicio corporativo del Cuerpo

El servicio corporativo de todo el Cuerpo es la manera bíblica. Este hace que todo miembro cumpla su función orgánica en el Cuerpo. Hay cuatro puntos principales con respecto a tal servicio. Primero, debemos predicar el evangelio para salvar pecadores (Ro. 15:16); debemos continuamente llevar el evangelio a la gente para traerlos a la salvación, por medio de visitarlos yendo de puerta en puerta o llamarlos por teléfono o escribirles cartas. En segundo lugar, debemos alimentar a los corderos del Señor y pastorear Su rebaño (Jn. 21:15-17). En tercer lugar, debemos perfeccionar a los santos para que edifiquen al Cuerpo de Cristo (Ef. 4:11-12). Este asunto no se encuentra en el cristianismo, y no obstante está revelado en las Escrituras. Es por la misericordia del Señor que lo hemos tomado como parte del recobro del Señor. Las personas dotadas no deben ser los únicos que perfeccionen a los santos; los santos mismos deben llegar a ser como las personas dotadas para perfeccionar a otros. En cuarto lugar, cada santo puede profetizar y hablar por el Señor para edificar a la iglesia, el Cuerpo de Cristo (1 Co. 14:1, 3-5, 12, 24, 31).

El Cuerpo se edifica a sí mismo por medio de cada coyuntura del suministro y mediante todo miembro que funciona

El Cuerpo de Cristo se edifica a sí mismo por medio de cada coyuntura que da el suministro y de todo miembro que funciona (Ef. 4:16). Hay dos clases de miembros en el Cuerpo, las coyunturas que dan el suministro, y las partes que operan. La operación de nuestro cuerpo físico depende de las coyunturas. En el Cuerpo de Cristo, también necesitamos a algunas personas que puedan ser coyunturas que den el suministro a los demás. Los centros del suministro de la sangre son las coyunturas en el cuerpo. Sin las coyunturas, el cuerpo no puede recibir el suministro. Además de las coyunturas, existe la necesidad de tener otro grupo de miembros, tales como las manos y los dedos, cada uno con su propia función. Teniendo las coyunturas del suministro y cada parte que funciona, el Cuerpo puede edificarse a sí mismo en amor. Nuestro cuerpo físico se edifica a sí mismo. Si no comemos, no podemos edificar nuestro cuerpo. Es lo mismo en la iglesia. Todos somos miembros. Pero algunos son coyunturas que dan el suministro, mientras que otras partes están activas llevando a cabo su función como miembros. De esta manera, el Cuerpo se edificará a sí mismo.

Los tres pasos de la ofrenda hecha por los sacerdotes del evangelio en el servicio del Cuerpo

Finalmente, tenemos que mencionar los tres pasos de la ofrenda hecha por los sacerdotes del evangelio en el servicio del Cuerpo. El primer paso es llevar pecadores a la salvación y ofrecerlos como sacrificios a Dios (1 P. 2:9b, 5b; Ro. 15:16). Luego tenemos que nutrirlos de modo que crezcan y se presenten a Dios como sacrificios vivos (1 P. 2:2; Ro. 12:1). Al principio, fueron salvos y ofrecidos a Dios, pero ahora, puesto que han crecido, ellos se ofrecen ellos mismos a Dios. Finalmente, las personas dotadas todavía necesitan laborar y luchar, con toda sabiduría, para presentar perfecto en Cristo a cada santo delante de Dios (Col. 1:28-29). Para entonces, los santos habrán llegado a ser perfectos en la estatura de Cristo, y el Cuerpo de Cristo podrá ser edificado completamente.

Espero que después de estas cuatro reuniones la iglesia aquí haya visto algo y que los hermanos y hermanas conozcan el origen del Cuerpo de Cristo así como sus elementos, su esencia y su realidad. Espero que tengan el vivir del Cuerpo de Cristo y el servicio del Cuerpo de Cristo para desempeñar su función en el servicio del Cuerpo. Entonces el Señor tendrá la manera de seguir adelante entre nosotros. Que el Señor le conceda la gracia a cada uno de ustedes, y que cada uno reciba estas palabras y las practique con diligencia por medio de Su gracia.

(Mensaje dado por el hermano Witness Lee en Taipéi, Taiwán, el 15 de abril de 1990)